Leo Fischer

Generation Gefällt mir

Leo Fischer

Generation
Gefällt mir

Szenen aus dem digitalen Leben

Lappan

Leo Fischer, Jahrgang 1981, machte 2001 sein Google-Abitur in Regensburg und studierte daraufhin allerlei Geisteswissenschaftliches in Berlin, Lausanne und der Wikipedia. Kurz bevor er seine Dissertation fälschen konnte, wurde er 2007 Redakteur der Satirezeitschrift *Titanic*. Seit 2008 ist er Chefredakteur des Magazins. Seine Hobbys sind Einkaufen, Schwarze Magie und Medikamentenmißbrauch.

Für Oliver

© 2012 Lappan Verlag GmbH
Würzburger Str. 14, 26121 Oldenburg
Lektorat: Hans Borghorst
Printed in Europe
ISBN: 978-8303-3302-9
Alle Rechte vorbehalten.

Der Lappan Verlag ist ein Unternehmen der Verlagsgruppe Ueberreuter.

Inhalt

Endbenutzervereinbarung

Vielen Dank, daß Sie sich für ein Buchprodukt aus dem Hause Lappan entschieden haben. Die Texte aus diesem Buch wurden nach bestem Wissen und Gewissen aus *Titanic, Taz,* der *Superlupo* und diversen Schubladen zusammengetragen, um Ihnen ein möglichst umfassendes Leseerlebnis zu ermöglichen, Sie zu bilden, zu erbauen und Ihre Synapsen auf Kurs zu bringen mit aktuellen Trends und *Google*-Algorithmen. Bitte nehmen Sie zur Kenntnis, daß Ihr Bewußtsein durch die Lektüre dieses Buchs Schaden nehmen oder fremdartigem, verwirrenden Gedankenmaterial ausgesetzt werden kann. Der Lappan-Verlag übernimmt in diesem Fall keine Haftung.

Die Texte dieses Buches wurden von einem Fachmann für digitales Leben geschrieben, zusammengestellt und behutsam ins Analoge übertragen. Der Verfasser, Leo Fischer, ist ein Vertreter jener ersten Generation von Autoren, die komplett im Internet aufgewachsen ist, und der unter anderem auch Helene Hegemann, Frank Schätzing und Karl-Theodor zu Guttenberg angehören. Sollten Sie einzelne Passagen aus diesem Buch wiedererkennen (sei es aus dem Internet oder *FAZ*-Artikeln), so tut uns dies sehr, sehr leid, und wir übernehmen selbstverständlich die volle Verantwortung. Ein Regreßanspruch besteht nicht.

Der Lappan-Verlag möchte mit diesem Buch einem möglichst breiten Publikum Einblick in die Psyche dieser Generation gewähren und hat sich dazu einen ganz besonders marktschreierischen Titel ausgedacht, um auch diejenigen Käuferkreise abzumelken, die nach zweihundert Florian-Illies-Imitaten immer noch nicht genug Generationenbücher gelesen haben. Zudem entspricht der Titel auch dem Werkverständnis der Generation Gefällt mir: Kopie der Kopie, Imitation des Imitats, Unfug im Unfug.

Indem Sie diesen Vertrag hier lesen, gestatten Sie dem Lappan-Verlag, Ihr Blätterverhalten aufzuzeichnen, Ihre Eselsohren kooperierenden Dienstleistern verfügbar zu machen und mit Ihrem Schufa-Eintrag abzugleichen. Der Lappan-Verlag kann Ihre persönlichen Daten dazu verwenden, um auch den letzten Winkel Ihrer trüben Seele auszuleuchten, eine umfangreiche Akte über Sie zu führen und sich beim Kantinenplausch über Ihre sexuellen Vorlieben zu amüsieren.

Eine Generation
zum Davonlaufen

Es ist 1995. Wir schmieren uns After Eight in die Haare und diskutieren per ICQ die neuen Sailormoon-Folgen. Wir hören DJ Bobo auf Minidisk und lassen uns auf dem Pausenhof dafür verprügeln. Wir fahren mit dem Interregio nach Würzburg und essen dort einen Schweinebraten, den wir aber nur ganz schlecht vertragen – Würzburg ist danach bei uns „unten durch". In der Schule setzt es in jedem Fach den immergleichen neoliberalen Nachwende-Drill: Achtet auf euren Lebenslauf, bleibt für die Arbeitgeber attraktiv, macht bloß keine Fehler, ihr kleinen Scheißer. Eine Duckmäusergeneration wächst heran, geprägt von panischem Opportunismus, permanenter kleinbürgerlicher Abstiegsangst und After Eight in den Haaren.

Gleichzeitig erleben wir mit dem aufblühenden Netz ein Reich absoluter Freiheit, eine Parallelwelt zu jenem Reich der Notwendigkeit, als das wir die Realität wahrnehmen. Das Internet ist noch wild, rauh und schön. Es ist jene goldene Frühzeit der Digitalära, in der wir es exklusiv für uns haben. Eine Zeit, als man bei Lehrern noch mit zusammengegoogelten Referaten durchkommt; eine Zeit, als man noch nicht von widerwärtigen Anwälten heimgesucht wird, weil man sich ein Musikstück heruntergeladen hat; eine Zeit, als Sascha Lobo noch nicht jede Woche neuen Unfug in die Welt hinausschnattern darf; eine Zeit, als

Google noch ein Geheimtip und Apple eine Quatschkopffirma ist, die keiner ernst nehmen muß. Es ist wie im Wilden Westen: Die Bandbreite ist das Limit! Wir nutzen sie, um tschechische Pornos herunterzuladen. Pixel für Pixel. Der langsame Bildaufbau ist dabei besonders reizvoll.

Schnitt. Es ist 2010. Wir haben nichts dazugelernt. Wir sind dicker und versoffener geworden, aber immerhin bekommen wir jetzt Geld dafür. Im Haar haben wir statt After Eight jetzt Bio-Walnußöl-Shampoo, das macht, daß unsere Haare nach Pasta riechen. Wir haben immer noch Vorurteile über Würzburg und gehen zu DJ-Bobo-Konzerten, weil die jetzt düsterer, erwachsener sind. Wir kaufen uns alte Vogelkäfige bei Ebay und bauen Ikea-Regale falsch zusammen. Wenn sie auseinanderbrechen, kaufen wir neue. Kostet ja nichts.

Das Netz und die Realität sind mittlerweile verschmolzen. Die Bandbreite ist nahezu unendlich, dafür gibt es praktisch keine interessanten Videos mehr, weil die GEMA sich querstellt. MP3s muß man bezahlen, die Wikipedia ersetzt die Tagesthemen, und das Brötchen kostet 30 Euro, dafür ist der Bäcker bei Groupon. Tschechische Pornos sind in deinem Land leider nicht verfügbar. Das Internet gehört jetzt den Managern, Lehrern, Anwälten, Megakonzernen, Deppenverlegern und all jenen anderen Schurken, vor denen wir vor 15 Jahren noch genau hierhin fliehen konnten.

Was wir in der Schule über die wirkliche Welt gelernt haben, geht nun nahtlos aufs Netz über. Wir suchen auf seinem Facebook-Profil nach den musikalischen Favoriten des Personalchefs und summen seine Lieblingsmelodie beim Vorstellungsgespräch. Wir entliken unsere alten Schulfreunde, wenn sie Saufbilder posten, auf denen wir zu sehen sind – außer, es sind künstlerisch wertvolle Saufbilder, von preisgekrönten Berliner Saufbildfotografen, die auch unser Chef gut findet. Für Youtube ziehen wir unserem Hund Frauenkleider an und mahnen Leute ab, die unseren Hund als Schwuchtel beleidigen. Wir stellen alte Fotos aus Würzburg in ein Picasa-Album und werden dabei plötzlich ganz sentimental. Wir sehen in einem politischen Heiratsschwindler wie Guttenberg einen Heilsbringer, weil er so echt und authentisch wirkt – und lassen ihn fallen, als wir merken, daß er wie wir ist: karrieristisch, gleißnerisch, ohne Rücksicht auf analoge Konventionen wie Urheberrecht und geistiges Eigentum.

Unsere Freiheit ist inzwischen rückstandslos verpufft. Jeder Klick kostet Geld, jede E-Mail muß auf der Packstation freigeschaltet werden. Und alles, alles wird von einem Dutzend Sicherheitsbehörden aufgezeichnet, ausgewertet, gerastert, à la julienne geschnitten, geschreddert, gelabelt und getwittert, daß es eine Art hat. Nichts ist gut im Internet, lallt eine aufgelöste Margot Käßmann bei den Würzburger Schweinebratentagen. Wir lallen mit.

Eine Generation von Trantüten, Duckmäusern und Leisetretern merkt peu à peu, daß sie betrogen worden ist. Jahrelang hat sie das Netz aufgebaut, um den Zumutungen des Kapitalismus zu entfliehen – und muß nun zusehen, wie er ihr das fertige Endprodukt ohne Gegenleistung aus den Händen nimmt. Diese Generation, die sich nie beschwert hat, ist nun irgendwie echt sauer. Sie hat doch immer alles mitgemacht, immer alles abgenickt – und wollte dafür so wenig! Ein paar lustige Katzenfotos, kostenlose Kinofilme und ein hermetisch abgeschlossenes Kuscheluniversum, in welches man sich nach einem anstrengenden Tag im Callcenter einwickeln kann wie in eine warme Decke. Doch der Kapitalismus hat keinen „Gefällt mir nicht"-Button. Er hat zweitausend verschiedene Smoothie-Varianten, aber keinen Rückwärtsgang. Man kann mit ihm viel Spaß haben, aber er mag kein stundenlanges Gelaber. Er bietet zehntausend Möglichkeiten, aber keine Alternative. Plötzlich wird die ängstliche Generation politisch. Sie will nun mitbestimmen! Sie wählt die Piraten, denn die geben einem das Gefühl, zu einer Avantgarde zu gehören, weil man einen Computer besitzt. Sie verlangt Transparenz und mehr kostenlos für alle. Ihre Politik folgt der Utopie des Unpolitischen: Es mögen nun all die Schädlinge wieder aus dem Netz verschwinden, die da eingedrungen sind, und uns schön in Ruhe lassen. Die Pornos sollen wieder umsonst sein und die Straßenbahnfahrt wieder zehn Pfennig kosten, und wenn die Merkel was anleiern will, dann soll sie erst mal ein Wiki eröffnen und das ausdiskutieren.

Diese Generation braucht keiner. Aber sie ist trotzdem da. Mit ihr ist kein Weltkrieg zu gewinnen, aber sie gibt sich verdammt noch mal Mühe, wenigstens weltmarktmobil zu bleiben. Diese Generation braucht keine Sozialreformen und keine Heilsarmee. Sie braucht vor allem unser Unverständnis. Unser Kopfschütteln und unser Augenverdrehen. Wenn wir ihr da ein Stück weit entgegenkommen, sind wir gemeinsam auf einem guten Weg. Auf dem Weg zu einer neuen Menschheit, die sich an die alte nur mit Schaudern erinnern wird. Dieses Buch kann dabei helfen.

Ein Spaziergang mit dem Großen Bruder

Idyllen

Die Schlagworte „Stasi 2.0" und „Zensursula"
zeugen davon: Das Thema „Bundestrojaner" hat
die Generation Gefällt mir politisiert. In der Debatte
zeigt sich aber auch, daß Digitaljugendliche und
Analogsenioren schon längst nicht mehr dieselbe
Sprache sprechen. Wo die einen von einem
„gefährlichen Eingriff in die Grundrechte" reden,
erkennen die anderen „naive Terroristenfreunde,
die wohl selbst was zu verbergen haben".
Zeit zur Richtigstellung der Begriffe!

Das kleine Abc der Überwachung

1984

Jahr der feierlichen Gründung des ersten Überwachungsstaats, auf dem Gebiet des heutigen Ozeaniens. Erster Staatspräsident ist der britische Ingenieur George Orwell. Er erfand einen Fernseher, der zugleich der Ausspähung von Privatwohnungen diente. Heute heißt die Technologie XXX-Granny-Livestream, das dahinterstehende Prinzip ist aber dasselbe.

Antike Technik, mit der Sicherheitspolitiker feststellen können, ob die Bevölkerung mit der Regierung zufrieden ist, wo nachgebessert werden könnte und ob sich die Leute mehr Privatsphäre wünschen. Findet das A. in einem Unrechtsstaat statt, spricht man vom „Spionieren", in einem Rechtsstaat hingegen von „Prävention".

Datei, die zu den Systemprogrammen Ihres Computers gehört und automatisch aktualisiert wird, wenn Sie Ihre Steuererklärung online abgeben oder die Tagesschau-App herunterladen. Sorgt dafür, daß Sie niemanden zum Haß aufstacheln oder aufgestachelt werden, indem beim Surfen fortlaufend süße Katzenvideos unter die Haßpredigten (→ *Spiegel*-Leserforum) gemischt werden.

Methode der Terrorbekämpfung, bei der gewisse unveränderliche Elemente im menschlichen Gesicht analysiert werden. Bekannte biometrische Systeme sind der Schlitzaugenscanner, der Zornfaltenmesser, der Falsches-Lächeln-Nachweis, der Bartdetektor und der Turbansensor.

17

BUNDESTROJANER

Programm, das sich als nützliche Datei tarnt, der Bundesregierung aber Zutritt zu privaten Rechnern verschafft. Benannt nach dem gleichnamigen riesigen Holzpferd, das sich als nützliches riesiges Holzpferd tarnte, aber voll mit griechischen LKA-Beamten war. Findige Nutzer erkennen den Bundestrojaner daran, daß an einer Mail Fotos oder Texte hängen, die riesige Holzpferde zum Inhalt haben. Der Bundestrojaner darf nur eingesetzt werden, wenn allerhöchste Gefahr droht, zum Beispiel bei Medikamentenschmuggel in Bayern. Der Bundestrojaner ist legal, da er von der legal gewählten Bundesregierung hergestellt wird.

BUNDESHELLENE

Was viele vergessen: Im Trojanischen Pferd waren keine Trojaner, sondern vielmehr Hellenen – die auch keine Daten klauen wollten, sondern schöne Frauen, vor allem Helena (vgl. → ELENA), die schönste Frau der Welt. Die Trojaner wären in dem Sinnbild eigentlich die privaten User, und die schöne Helena wäre Frau Leutheusser-Schnarrenberger (vgl. auch → Vergleich, hinkender).

Winzige funkgesteuerte Mikrosysteme, die von der Industrie unbemerkt in Kleidung, Schmuck, Personalausweise oder Gummibärchen integriert werden, um dem Verbraucher einen besseren Service zu bieten und die Sicherheit zu erhöhen. Produkte, die RFID-Chips enthalten, sind nicht zur Zubereitung von Babynahrung geeignet, sollten von Kindern unter drei Jahren ferngehalten und sicherheitshalber von niemandem gekauft werden.

DIONYSIOS (TYRANN)

Erfinder des → Abhörens. Sperrte Terroristen in eine malerische Tropfsteinhöhle und konnte dank des Echos ihre Aktivitäten belauschen. Dabei wurde er unter anderem Zeuge von primitivem Filesharing, Musikpiraterie und Identitätsdiebstahl. Da sich diese Aktivitäten aber auf den Privatbereich der Höhle beschränkten, beließ er es bei einer einfachen Exekution mit Verwarnungscharakter.

ELENA

Gescheitertes Projekt, das die zentrale Speicherung von Arbeitnehmerdaten vorsah, wie etwa Fehlzeiten, Abmahnungen, Mundgeruch und Wehrkraftzersetzung. Das System wurde nicht eingeführt, weil die

Ausstattung der Bevölkerung mit digitalen Signaturen, Bundestrojanern und XXX-Granny-Livestreams 2010 leider noch nicht flächendeckend war. So wurde das Projekt rechtzeitig beendet, bevor noch höhere Kosten als die schon ausgegebenen 13 Trillionen Euro entstehen konnten.

FRIEDRICH, HANS-PETER

Nachfolger von (u.a.) Wolfgang → Schäuble im Amt des Innenministers und weltweit erster Möter (halb Minister, halb Köter), der auf einer Regierungsbank sein Geschäft verrichten darf. Friedrich kommt aus einem kleinen Dorf in Oberfranken, wo alle alles über einander wissen. Diese Nähe und Geborgenheit möchte Friedrich auf ganz Deutschland ausgeweitet sehen.

GEN-DATENBANK

Was viele nicht wissen: Unser Körper ist der größte bekannte → Vorratsdatenspeicher des Universums. Ob wir auf Blonde oder Brünette stehen, ob wir Coke Zero oder Coke light bevorzugen: All dies ist tief in unseren Genen eingeschrieben und festgelegt. Sollte es verrückten Wissenschaftlern eines Tages gelingen, unsere Gene an das Internet anzuschließen, würde daraus ein Wesen von unvorstellbarer Macht ent-

stehen – ob gut oder böse, ist noch nicht ganz sicher
(→ Mecha-Jesus, → Xanos).

HEILIGENDAMM

Bisher größter Triumph moderner Sicherheitstech-
nologie: Bei der G8-Konferenz 2007 in Heiligendamm
wurde eine Staffel moderner Düsenjäger eingesetzt,
um eine Gruppe Camper zu überwachen. Dient seither
als Maßstab für sicherheitspolitische Effizienz. So
entspricht der in Bayern aufgetauchte Trojaner zur
Überführung von Medikamentenschmugglern knapp
2 Heiligendamm. Wenn Ebay-Betrüger, die minder-
wertigen Pofel als „TOP-Zustand" handeln, ab 2013
mit der Amputation von Gliedmaßen nicht unter zwei
Armen rechnen müssen, werden ca. 10 Heiligendamm
gemessen. Und die 2015 offiziell eingeführte Bundes-
spatzenkanone wird sogar mit 300 Allerheiligendamm
veranschlagt.

INTERNET

Was viele nicht wissen: Das Internet wurde vor allem
erfunden, um den Kampf gegen die grassierende In-
ternetkriminalität zu ermöglichen. Siehe auch → Terrorismus.

Antwortpartikel, die das Leben sehr erleichtert.

KAMERAÜBERWACHUNG

Sorgt dafür, daß das Verbrechen keine Chance mehr hat, sofern es auf gutbesuchten öffentlichen Plätzen bei ausreichenden Lichtverhältnissen stattfindet. Eine K. von dunklen Seitenstraßen, dunklen privaten Wohnungen und dunklen DAX-Unternehmensbüros ist aus Kostengründen leider nicht möglich.

LAUSCHANGRIFF, GROSSER

Projekt von Otto → Stasi, das die komplette Überwachung von allem und jedem vorsah. Dies empfand Justizministerin Leutheusser-Schnarrenberger (FDP) 1995 als derart gravierende Einschränkung liberaler Werte, daß sie von ihrem Amt zurücktrat. Frau Leutheusser-Schnarrenberger arbeitete später u.a. mit Hans-Peter → Friedrich zusammen.

MOBILTELEFON

Sollten Sie niemals ausschalten, da dies in einem allfälligen → Terrorismus-Prozeß gegen sie verwendet werden kann. Wenn sie es einschalten, allerdings auch. Wir empfehlen allen Terroristen und solchen, die es werden wollen, auf die Anschaffung eines M. besser ganz zu verzichten.

NACHLADEFUNKTION

Wird für den Bundestrojaner benötigt, damit der sich „den normalen Updates auf dem Zielcomputer anpassen" kann (Hans-Peter → Friedrich). Macht sich durch Pop-ups wie diese bemerkbar: „Du verwendest zur Zeit Bundestrojaner Free Edition! Upgrade jetzt und profitiere von den vielen Extra-Features, z.B. der neuen Hausdurchsuchung!"

ONLINE-DURCHSUCHUNG

Mittlerweile obsolete erkennungsdienstliche Methode. Das Facebook-Profil eines typischen Straftäters verrät doch soviel mehr!

PANOPTIKUM

Ein Konzept zum Bau von Gefängnissen, von dem britischen Philosophen Jeremy Bentham entwickelt. Erlaubt die permanente Überwachung der Häftlinge, ohne daß diese ihre Wächter sehen können. Spielt heute nur noch beim Bau von Großraumbüros, Schulen und Asylantenheimen eine Rolle.

QUELLEN-TKÜ

Das brauchen Sie nicht zu wissen.

RASTERFAHNDUNG

Religiöses Überwachungsritual der Rasterfaris, bei
dem Drogen, Reggaemusik und Schwulenhaß zum
Einsatz kommen. Ansonsten ist das Aussortieren von
Verdächtigen nach Namen, Herkunft und → biometri-
schen Merkmalen natürlich nicht erlaubt, außer vor
Diskotheken, bei der Wohnungssuche und bei Bewer-
bungsgesprächen.

SATELLITEN

Ursprünglich zur friedlichen Verbreitung von Gedan-
kenkontrollstrahlen eingesetzt, werden die künstlichen Erdtrabanten heute überwiegend zur Überwachung mißbraucht, gegen die man sich auch mit
Aluhüten nicht schützen kann.

SCHÄUBLE, WOLFGANG

Nachfolger von Otto → Schily als Innenminister. Sehr
sensibel, ertrug die vielen Anfeindungen nicht, denen
ein Innenminister traditionell ausgesetzt ist, und wech-
selte daher ins Finanzministerium. Brachte die Sicher-
heitsdebatte in Deutschland überhaupt erst ins Rollen.

SCHILY, OTTO

Ehem. Terroristenanwalt und Nachfolger von Otto → Stasi im Amt des Innenministers. Sorgte dafür, daß Terroristenanwälte auch immer genug zu tun haben. Stand später in der Kritik, weil er als Berater von Firmen auftrat, die digitale Signaturen, Bundestrojaner und XXX-Granny-Livestreams herstellen. Eine Verbindung zu seiner politischen Tätigkeit konnte ihm aber nicht nachgewiesen werden.

STASI, OTTO

Vorgänger von Otto → Schily im Amt des Innenministers, allerdings in der damaligen DDR. Sorgte dafür, daß Kinder nicht mehr spielen durften, und zwang Nonnen dazu, sich Bilder von nackten Männern anzusehen. Benutzte außerdem unmenschliche Überwachungstechnologie wie Mikrophone und Kameras, die in Telefonen verborgen waren. Damit sich ein zweiter Fall Stasi nicht wiederholt, bedarf es heute erhöhter Wachsamkeit gegenüber Extremisten (vgl. → Bundestrojaner).

TERRORISMUS

Verbrechen, das eine Erweiterung der Machtbefugnisse des Staates gestattet. Führt zur Mobilisierung aller Sicherheitskräfte. Normale Verbrechen sind demzufolge etwa Anlagebetrug, *Bild*-Journalismus oder Döner-Morde; Terrorismus hingegen das Anzünden von Autos und Verstöße gegen das → Urheberrecht.

URHEBERRECHT

Was viele nicht wissen wollen: Softwarepiraterie dient der Finanzierung des Terrorismus. Wer Freunden Musik kopiert, sponsert indirekt Al-Qaida; wer sich Filme herunterlädt, subventioniert damit den Bau der iranischen Atombombe. Deswegen ist der Kampf gegen Raubkopierer letztlich ein Kampf gegen den Terror bzw. Hitler. Noch sinnvoller wäre es nur, den Krieg direkt zu den Urhebern selbst, also den Künstlern, zu tragen – und beispielsweise Juli → Zeh wegzusperren.

VORRATSDATENSPEICHERUNG

Schöner alter Brauch, bei dem die Großmutter all die Daten, die sommers übriggeblieben waren (Liebesbriefe, Gebetsbücher, Denunziationen), in Einmachgläser packte und im Keller jahrzehntelang vermodern ließ. Besonders bei ländlich geprägten Politikern noch sehr gebräuchlich (vgl. → Friedrich, Hans-Peter; → Provinzdackel, aufgeblasener).

WINDOWS

Typischer Trojaner: Schadsoftware, die sich als Betriebssystem tarnt. Im Gegensatz zum Bundestrojaner werden die Daten nicht an eine kontrollbesessene Behörde, sondern an einen kontrollbesessenen Konzern weitergeleitet, wofür der Verbraucher jedoch selbst verantwortlich ist. Im Zweifel dürfen die Behörden beim Konzern anklopfen und (lieb) um die Daten bitten.

XANOS

Außerirdische Dämonengottheit, der laut Bundestagsprotokoll jeder Innenminister zum Amtsantritt seinen Erstgeborenen opfern muß. Hans-Peter → Friedrich hatte allerdings nur Zweitgeborene. So opferte er statt dessen seinen Verstand, der aber unbenutzt und daher in tadellosem Zustand war, Xanos zum Wohlgefallen. Heil Xanos!

YPERNWACHUNGSSTAAT

Gescheitertes Projekt von Interpol zur Beobachtung der gleichnamigen Kleinstadt in Flandern. In Ypern geschehen einfach zu wenige Terroranschläge, um eine permanente Totalüberwachung der Bevölkerung zu rechtfertigen. Vgl. aber → Sicherheitsdiskussion, deutsche.

Schriftstellerin, deren Hobby der Kampf gegen den Überwachungsstaat ist. Schreibt dazu in einer brillant konstruierten Geheimsprache, die niemand außer ihr versteht: „Wir müssen unsere Werte, unsere Demokratie von A bis Z noch mal durchkauen, anhand der neuen Bedingungen" (Deutschlandfunk). Da ist selbst das LKA Bayern chancenlos!

*Die Bezeichnungen für soziale Beziehungen
verändern sich. Ein „Freund" ist jemand, der einen
Namen bei Facebook nachschlagen und anklicken
kann; ein „enger Freund" jemand, dessen
Statusmitteilungen wir weniger schnell wegklicken
als die der anderen. Während in der virtuellen Welt
immer mehr Freundschaften geschlossen werden,
wächst in der Realität die soziale Kälte.*

Anwohner raus!
Ein Plädoyer für gute Nachbarschaft

Gespenster gehen um in unseren Wohnvierteln. Unsichtbar, unhörbar. Doch wo sie ihren kalten, seelenlosen Blick hinwerfen, erstirbt das Gelächter, schwindet die Hoffnung, erstarren Herzen zu Eis; wo ihre körperlosen Klauen hinfassen, werden die Menschen grau und mutlos, müssen Kindergärten und Musikkneipen schließen, werden Hunde ins Tierheim gebracht und sterben Hamster einen plötzlichen Herztod. Diese Wesen sind keine Dementoren oder Ringgeister. Sie sind schlimmer. Sie sind Menschen wie wir. Sie sind die Anwohner. Und es werden täglich mehr.

Fröhlich feiernde Zecher, deren lebenssatter Jubel mitten in der Nacht erstickt wird. Unbeschwert spielende Kinder, die in triste Wohnungen zurückgescheucht werden. Junge Musiker, deren Instrumente vor ihren Augen zerbrochen werden. Das alles ist keine düstere Phantasie, sondern schreckliche Wirklichkeit. Für die Durchsetzung dieser Barbarei braucht es keinen Überwachungsstaat, kein „1984", keine Stasi. Die Anwohner reichen völlig aus. Allein mit dem Satz „die Anwohner haben sich beschwert" läßt sich mittlerweile jedes Verbrechen rechtfertigen. Über den doofen Papst wird nur gespottet, überall auf der Welt wackeln Diktatorenthrone — doch die Autorität der Anwohner stellt niemand in Frage; sie dürfen treiben, was immer sie wollen. „Die Anwohner haben sich beschwert", eine moderne Form von „die Ahnengeister sind gegen uns", „die Sterne stehen ungünstig". „Die Anwohner haben sich beschwert" — das finstere Mantra, das geistlose Gemeinheiten jeder Art erlaubt, das Läden schließt, Demonstrationen verhindert, jede selbstverständlich wahrgenommene Freiheit zur Ruhestörung stempelt. Und Ruhe ist den Anwohnern erstes Bürgerrecht.

Als Kreaturen der Finsternis zeigen sich die Anwohner selten. Der Legende nach haben die Anwohner riesige Ohren und mißgünstige Glubschaugen, mit denen sie haßerfüllt hinter Gardinen hervorblicken, durch randlose Brillen oder vertrocknete Kontaktlinsen hindurch. Aus den stinkenden Mäulern der Anwohner dringt stets eine quäkende, weinerliche Stimme, mit der sie fortwährend ihre absurden Denunziationen ins Telefon hineinsprechen. Mit ihren kurzen, gichtigen Fingern tippen die Anwohner „offene Briefe", die sie dann in den Hausflur hängen, und nehmen Kindern ihre Fußbälle weg. Lauernd hocken die Anwohner in ihren mit Leopardenskulpturen und Rosina-Wachtmeister-Bildern verschandelten Wohnungen und warten darauf, daß sich draußen irgendein Leben regt, daß eine Blume aus dem Erdboden bricht oder jemand ein Glas Marmelade fallen läßt. Dann sind die Anwohner zur Stelle, mit ihren Polizeidurchwahlen, ihren Freunden beim Ordnungsamt, ihren Lärmprotokollen, ihren Mietervereinen und ihren Anwohnerfachanwälten, die genauso monströs sind wie sie, aber dazu noch extrem billige Rasierwasser auftragen, die nach Scheiße riechen und von denen alle Menschen, in deren Leib eine Seele atmet, Asthma bekommen.

Anwohnen, das ist ein Wort aus der Bibel. Der Heilige Geist wohnt an, die Flamme im Dornbusch, die Stimme über den Wassern. Und eben die Anwohner: Menschen, die sich für Gott halten, weil sie – Miete zahlen! Weil sie ein paar hundert Euro im Monat abgeben und ihre scheußlichen Plastikmöbel in irgendwelche vom Stadtmarketing aufgebauschten In-Viertel geschleppt haben, beanspruchen sie nichts weniger

31

als ein winziges Stück Weltherrschaft, die totale Kontrolle über ihre Umwelt, über Geräusche, Gerüche und Gedanken. Das Fenster nach draußen wird den Anwohnern zur Leinwand, auf der sie nach Belieben herumpinseln wollen. Und wenn da Menschen und Gebäude stören, werden sie gnadenlos ausradiert. Zielsicher ziehen sie ausgerechnet in jene Viertel, in denen das Leben tobt – vorgeblich, weil sie daran teilnehmen, in Wirklichkeit, weil sie sich gern mal wieder so richtig beschweren wollen. Weil die Anwohner sich für feinsinnig und sensibel halten, glauben sie, ihren Lebensbereich komplett ihren widerwärtigen ästhetischen Wertvorstellungen unterwerfen zu dürfen, verstehen sich gar als Diener des Hausfriedens und des guten Tons. Dabei sind die Anwohner nur wehleidige kleinbürgerliche Kontrollfreaks, die unter Ästhetik ihre jämmerlichen Dalí-Kunstdrucke und verjazzte Bachkonzerte verstehen und sich nur dann entspannen können, wenn es draußen so still ist wie in ihren hohlen Kackschädeln innendrin.

In Grimms Wörterbuch ist „anwohnen" ein Synonym für „Nachbar sein". Aber niemals würden sich die Anwohner „Nachbarn" nennen! Nachbarschaft – das bedeutet Solidarität, Wärme, Herzlichkeit. Nachbarn nehmen Pakete an und füttern im Urlaub die Katze. Die Anwohner lassen die Katze verdursten und beschweren sich dann, weil die Hausordnung nun mal leider keine verdursteten Tiere im Haus gestattet. Die Pakete nehmen sie an, öffnen sie, scheißen hinein, versiegeln sie wieder und stellen sie dann vor die (falsche) Haustür. Wenn die Anwohner Grundbesitz in der Vorstadt erwerben, defäkieren sie nachts in den Gartenteich ihrer Nachbarn; wenn die Anwohner Zug fahren, stellen sie ihre riesigen, mit Exkrementen gefüllten Hartschalenkoffer neben sich, mitten in den Gang, um sich dann mit ihren kotverschmierten Wichsgriffeln vier Stunden lang daran festzukrallen. Während liebe alte Omis drüberstolpern und sich alle sieben Oberschenkelhälse brechen.

Auf sogenannten Anwohnerversammlungen brüten die Anwohner Monat um Monat neue Schandtaten aus. Das muß man sich ungefähr so vorstellen wie die Versammlungen der Grauen Herren aus „Momo". Nur daß die Anwohnerherren Jack Wolfskin tragen und die Anwohnerdamen fliederfarbene Schals, Schuhe mit kleinen Schleifchen und Delphinamulette. Auf diesen Treffen überlegen die Anwohner, welche Studi-Party sie als nächstes verhindern und welchem Kneipenwirt sie demnächst Fäkalien ans Fenster schmieren, während sie lächerliche versteinerte Brezeln mit billigem Wein herunterspülen. Wenn sie genug Gemeinheiten ausgeheckt haben, machen sie das Licht aus, hängen sich gegenseitig Gewichte an die Brustwarzen und reiben sich ihre Bäuche mit Stuhl ein.

Die Macht der Anwohner wächst mit jeder Stunde. Die Kanzlerin selbst gehorcht den Anwohnern aufs Wort; gemunkelt wird, daß Merkel sogar selbst schon mal angewohnt oder Anwohnungen geduldet hat. Gute und redliche Menschen aus dem Brandenburgischen schwören, daß Merkel nachts im Morgenmantel vor ihrer Tür stand, weil sie beim Lesen zu laut umgeblättert hatten, und morgens Zettel mit der Überschrift „Höfliche Bitte!!!" ans Fenster klebte, und zwar mit ihrem eigenen Kot.

Was passiert, wenn die Anwohner keine Schranken mehr kennen, wenn die Anwohner mit der Staatsmacht Hand in Hand gehen, hat die Kristallnacht überdeutlich gemacht. Erziehung und Bildung sind unsere einzigen Waffen gegen diese Menschen. Denn um Menschen handelt es sich. Zutiefst unglückliche, gescheiterte Menschen, deren Verstand vom rasenden Gefasel der Kulturindustrie und dem Kapitalismus zerstört wurde, noch bevor sie die Chance hatten, das Gute und Schöne zu fühlen – doch Menschen immerhin. Allein durch eine sinnvolle, gemeinschaftliche Tätigkeit unter Aufsicht haben sie Hoffnung, aus ihrem Elend zu erwachen. Fünf bis zehn Jahre Arbeitslager sollten dafür reichen. Schreiben Sie Ihrem Bundestagsabgeordneten von dieser Idee. Damit aus Anwohnern Bewohner werden.

*Die Generation Gefällt mir liebt geordnete
Verhältnisse. Ihre Jahreszeit ist der Winter, die
Zeit der Erstarrung, der Konservierung und des
häuslichen Behagens. Dann wärmt sie sich
an ihren Bildschirmen und spinnt am Tablet
tolle Fanfiction zusammen. Dagegen steht der
Frühling, der uns Stubenhockern gebietet, uns der
langweiligen analogen Welt da draußen zu stellen –
mit ihrer rohen Körperlichkeit, ihren Allergenen,
ihren Bienen und ihrer Sexualbesessenheit.*

Der Frühling

Reflexionen aus der grauen Jahreszeit

Im Ballett der Jahreszeiten folgt dem fauligen Hauch
des Herbstes und dem eisigen Hauch des Winters der
giftige Hauch des Frühlings. Eine Jahreszeit, viel zu
oft mit falscher Sentimentalität bedacht, mit dem immergleichen Einerlei von Liebe, Lust und Lebenskraft
assoziiert. Besehen wir den Frühling unterm Lichte
strenger Rationalität, bleibt nichts von diesem Vorurteil bestehen.

*

Einfältige feiern den Frühling als Fest der Wiedergeburt. Doch aus dem Buddhismus kennen wir Wiedergeburt als das Übel schlechthin, als etwas unbedingt
zu Überwindendes. Den Frühling zu bekämpfen bedeutet, für das eigene Karma zu sorgen, die eigene
Seele zu retten. Nebenbei: Es leben mittlerweile mehr
Menschen auf der Erde, als jemals auf ihr gestorben
sind. Wer da ernsthaft auf Wiedergeburt hofft, kann
schlicht nicht rechnen.

*

Frühling, das Opium unter den Großwetterlagen!
Manch einer hat vom ersten kaum genug und sehnt
sich gleich nach dem nächsten, dem sogenannten
zweiten Frühling. Was hinter diesem schändlichen Eu-
phemismus steckt? Dicke alte Leute, die mit Nordic-
Walking-Stöcken durch die Welt hoppeln und einer
ohnehin schon maroden Landschaft den Todesstoß
versetzen. Wenn das der zweite Frühling ist, will man
den ersten nicht kennen!

*

Die antiken Germanen begrüßten den Frühling auf folgende Weise: Zu Ehren der Göttin Ostara schmückten sie einen Weihnachtsbaum mit ausgeblasenen Eiern. Dann holten sie alle Gefangenen, die sie in den letzten Monaten auf ihren Beutezügen gemacht hatten, aus ihren Zellen hervor und brachten sie bestialisch um. Im Anschluß gab es ein großes Zechgelage. Auf dieselbe Weise feierten sie übrigens auch Sommersonnenwende, Geburtstag und Gehaltserhöhung. O tempora, o morones!

Der Frühling zerstört alle Grenzen, verletzt jede wohlgefügte Ordnung. Tiere, Pflanzen und Gewürm, die im Winter brav unter der Erde blieben, brechen hervor; Flüsse treten über ihre Ufer, reißen ganze Dörfer mit sich. Alle Kategorien brechen zusammen. Der Frühling – Sinnbild einer entfesselten Globalisierung. Paßt man einmal kurz nicht auf, schon liegen im Aldi die Flußkrebsschwänze unter „Meeresfrüchte", gibt es Bordeaux zum Nasi Goreng, ziehen Neger in die schöne Villengegend...

Unbemerkt mischt sich der Frühling auch unter unser Essen. Kannten unsere Vorfahren schon Frühlingszwiebeln? Steht die Frühlingsrolle nicht emblematisch für die Rolle rückwärts im Prozeß der Zivilisation? Für den gesellschaftlichen Rollback im Inferno der Jahreszeiten? Und der penetrante Geschmack von Frühlingskräutern – dient er nicht vor allem dazu, kulinarische (gesellschaftliche!) Widersprüche zu überdecken? Alles so Fragen.

Woran merkt man, daß Frühling ist? Vielleicht daran: Die Leitartikler beginnen, wieder über Demographie zu schreiben. Der Frühling zwickt und zwackt sie, oben- und untenrum, setzt in ihrem Verstand den rasanten Wunsch frei, fruchtbar zu sein, die Welt mit ihresgleichen zu bevölkern. Eine Welt, brechend voll mit Familienpolitikern und ihrer Brut – allein schon um dieser Vorstellung willen muß man den Frühling in seine Schranken weisen. Und endlich mit dem Atomkrieg anfangen: Der nukleare Winter ist eine Option, die wir nicht a priori ausschließen dürfen.

Von Goethe ist überliefert, daß ihm einmal ein Chemiker namens Döbereiner einen Platinbarren schenkte, zu mineralogischen Experimenten. Goethe, bekanntlich ein Freund edlen Schnickschnacks, legte diesen Barren in eine Vitrine, um sich an dem Anblick zu erquicken. Als Döbereiner den Platinbarren eines Tages zurückforderte, griff Goethe, der das Platin liebgewonnen hatte, zu einer List: Er rückte den Barren einfach nicht mehr raus. Da schickte Döbereiner seinen Diener mit dem Auftrag, das Eigentum mit strengen Worten zurückzufordern. Doch es gelang nicht, Goethe ließ nicht locker, behielt das edle Metall bis zu seinem Tode und erfreute sich jeden Tag aufs neue daran. All dies trug sich im Frühling zu.

Das Klischee will, daß sich Menschen im Frühling verlieben. Dagegen spricht, daß die meisten Kinder im Winter gezeugt werden. Nicht von ungefähr: Denn das Bedürfnis nach Wärme entsteht ja zwingend in einer Zeit hereinbrechender Kälte. So kann man also im Umkehrschluß für die Zeit anschwellender Wärme gerade ein Bedürfnis nach Kälte annehmen. Wagen wir die letzte Konsequenz: Der Frühling macht die Menschen kalt und grausam. Und die Liebe? Bleibt ewig unabhängig von Wetter und Klima – eine unabänderliche Pimmelsmacht.

*

Philipp Mißfelder, Ronald Pofalla, Wolfgang Schäuble: alle sind sie im Herbst geboren. Warum das wichtig ist? Ein halbes Jahr nach ihrer Geburt, also zu dem Zeitpunkt, an dem das Gehirn für äußere Eindrücke am empfänglichsten ist, war Frühling. Jetzt sind sie in der Union und beleidigen Gottes Ehre durch ihre schiere Existenz. Quidquid agis...

*

Wer verspricht uns unser Toilettenpapier „frühlingsfrisch", versehen gar mit „aufregenden Frühlingsdüften"? Es ist die infame Werbeindustrie, angesiedelt irgendwo zwischen Warendorf und Wertheim-Village. Dem Frühling, jenem skrupellosen Geschäftemacher unter den Jahreszeiten, ist das *odium* des Merkantilen eingeschrieben bis ins Mark. Vergessen wir nicht: Die großen afrikanischen Heuschreckenschwärme fallen ebenfalls in den Frühling. Klopft da nicht das Menetekel an die Schicksalspforte?

*

Gern vergessen wird auch, daß Hitlers Machtannahme in ebenwelche Jahreszeit fällt? Genau. Der 30. März 33 ist ein Datum, das sich für immer ins Gedächtnis der Menschheit und in den Geschichtsunterricht eingebrannt hat. Das waren schon die rechten Frühlingsboten, diese Nazis! Die Veilchen, die sie der Humanität ins Gesicht schlugen, waren die Frühlingsblumen, die wir Nachgeborenen zu Vergißmeinnicht umtopfen sollten.

*

Wenn der Satz gilt, daß eine Schwalbe noch keinen Frühling macht, ist es da nicht geboten zu fragen, warum die ach so elegante Vogelmadame es vorzieht, den Winter in den Subtropen zu verbringen? Macht sie mit dem Frühling gemeinsame Sache? „Der Sonnenblick

betrüget / mit mildem falschem Schein, / die Schwalbe
selber lüget, / die Schwalbe selber lüget, / das dumme
Schwalbenschwein", heißt es bei Mörike. Der Mann
wußte eben Bescheid.

*

Von Ronald Pofalla erzählt man sich gerne folgende
Anekdote: Einmal, es war mitten im Frühling, fand er
vor seiner Haustür einen Korb mit kleinen Kätzchen.
Vorsichtig hob der Mann den Korb mit den kläglich
miauenden Findelkatzen und trug ihn in sein hübsches
Gärtlein, um sie dort, eine nach der anderen, in seinem
Whirlpool zu ersäufen. Ein zufällig anwesender Polizist wollte aber nicht so sein und drückte schließlich
schmunzelnd ein Auge zu – 's war schließlich Frühling.

*

Vielleicht der schärfste Gegner des Frühlings ist die
Statistik. Wenn man sich vorstellt, daß zwei Drittel
aller Lustmorde, vier Fünftel aller Familienauslö-
schungen und sechs Zehntel aller Banküberfälle im

Frühling stattfinden, dann ist das schon eine ziemlich beängstigende Vorstellung. Eine Vorstellung, für welche die Zahlen des Statistischen Bundesamtes nicht den geringsten Beleg liefern. Aber vorstellbar immerhin ist es ja nun schon.

Eine Haßliebe verbindet uns mit Wolfgang Schäuble. Einerseits hat er den Überwachungsstaat vorangetrieben und uns zahlreiche Privilegien genommen. Andererseits zeigte sich nirgendwo deutlicher, wie sehr Privates und Öffentliches schon verschmolzen sind – insbesondere bei Schäubles Krankheiten, die er stets mit großem Zauber in der Öffentlichkeit zelebrierte.

Der Leidensweg des Dr. Schäuble

Noch vor kurzem war alles in Ordnung. Milde lächelnd empfängt Schäuble den Toleranzpreis für die Organisation der Islamkonferenz. Für die Idee, die ganzen Islamisten bei sich zu Hause zu versammeln, statt für teuer Geld ihre Computer zu verwanzen, zeichnet ihn die Deutsche Gesellschaft für Minderheitenerziehung aus. Doch schon beim Kleinsparerforum fehlt Schäuble. Er ist unpäßlich, entschuldigt sich mit einer fiebrigen Erkältung. Gerüchte breiten sich aus, gestreut von FDP-Leuten im Umkreis von Hans-Otto

Solms. Niemand weiß Genaueres. Die Fraktion schickt Blumen, die Kanzlerin eine singende Grußkarte.

Wie krank dürfen Politiker sein? Im Fall Schäuble ist die Frage um so berechtigter, als zur öffentlichen nun noch eine geheime Krankheit hinzukommt. „Können wir uns einen Kanzler leisten, der plemplem ist?" fragte 1997 der *Stern,* in Anspielung auf die Vorgänge in Schäubles Oberstübchen. Heute spricht niemand mehr über die „Kopfsache". Kein Zweifel: Schäuble weiß mit Krankheit umzugehen, sie begleitet ihn sein Leben lang. Von Helmut Kohl konnte er lernen, was Ertragen, Dulden, Vertuschen heißt. Als Kohl 1989 in Bremen eine schmerzhafte Dauererektion vor dem Publikum verbergen muß, ist ihm nichts anzumerken; nichts kommt raus, als beide, Schäuble und Kohl, 1999 beschließen, die Spendenaffäre unter Ehrenmännern auszumachen. Betrachtet man heute die Aufnahmen vorm Untersuchungsausschuß, bemerkt man kein Leiden in Schäubles Gesicht, keine äußere Regung. Dabei langweilt ihn der ganze Vorgang tödlich! Und läßt ihn so kalt, daß er abends mit Schnupfen zu Bett geht.

Doch diesmal bricht die Maske. Bald muß Schäuble Termine absagen, wird in eine Privatklinik für Wirbel- und Pflichtverletzungen eingeliefert. „Die Schmerzen sind stark, sehr stark", sagt er im Fernsehen, „aber zugleich läuternd, kasteiend. Mein Kopf war noch nie so klar!" Das Medienecho ist gewaltig. „Krankenakte Schäuble – niemand weiß, was wirklich drinsteht", berichtet *Bild:* Aus formaljuristischen Gründen darf sie der Zeitung nicht ausgehändigt werden. „Zu denken gibt, daß Schäuble ständig auf Medikamente angewiesen ist, was wiederum Gegenreaktionen des Körpers auslösen kann", spekuliert sein Hausarzt Dr. Hugo Müller-Vogg. Ein Kommentator der *FAZ* meint gar, Schäubles Krankheit gehe die Öffentlichkeit nichts an – und vergißt, daß Schäuble stets ein strenger Verfechter des Transparenzgedankens war. Wozu sonst sollte er diesen riesigen Überwachungsapparat errichtet haben, wenn nicht zur Überwachung seiner labilen Vitalfunktionen? Alle dürfen, alle sollen Anteil nehmen, und alle haben auch Verständnis und wünschen Besserung. Vereinzelte Rücktrittsforderungen fallen nicht ins Gewicht. Die Kanzlerin läßt Schäuble Zeit, wieder gesund zu werden. Sie weiß: Ein toter Minister nützt niemandem.

Wenig später dann ein neuer Vorfall. Plötzlich tat ihm sein Knie so weh, au, aua, juhu! Da zwirbelte es plötzlich in seinem Bein, eine saftige, sämige Schmerzkaskade durchpulste das Gelenk; heiße Pein tanzte da eine Tarantella – obwohl das unmöglich war! Obwohl wenigstens nabelabwärts dieser wehe, waidwunde Körper von Schmerzen frei sein sollte! Doch das Knie, es knirschte, rumpelte und knurpste darin, lichterloh brannte es, hell und schön wie ein griechisches Bankhaus! Immer hatte es sich bester Gesundheit erfreut. So hatte sich bei einem Badeausflug einst eine Feuerqualle um sein Bein geschlungen, es verbrannt um und um – das Knie allein blieb unverletzt, als wär's ein Heiligtum! Und nun spukte durch jenes unverwüstliche Bein ein Phantomknie, bog sich mit geisterhafter Bosheit in anatomisch unmöglichen Winkeln, drehte sich, wohin es wollte, ließ unsichtbare Sehnen schnalzen – und machte auch vor jener wichtigen IWF-Anhörung nicht halt. Da hatte es sich nicht mehr verbergen lassen: Schäuble war krank, und das nicht nur vorübergehend. In Konferenzpausen hatte man ihn kieksen gehört, ganz für sich allein, ein leises, hohes, fast kindliches Kieksen vor Schmerz und Lust; scharfe, sehnsuchtssatte Seufzer echoten durch den Sitzungssaal, als das Knie sein höchsteigenes Expertenurteil zur Griechenkrise abgab.

Vieles wird als Ursache seines Leidens ins Feld geführt. Sein hohes Alter. Die vielen Pflichten des Amtes. Sein riskantes Hobby, die Selbstverstümmelung („Ritzen"). Ein anderer Grund liegt freilich näher: der Zorn Gottes. Schon einmal hatte Schäuble ihn heraufbeschworen, in seiner Zeit als Innenminister. Damals hatte er angekündigt, die Bundeswehr einzusetzen, um Passagierflugzeuge abzuschießen. Da trat Gott aus seiner Verborgenheit hervor und schlug

Schäuble mit bösen Geschwüren, von seiner Fußsohle bis zu seinem Scheitel. Und Schäuble nahm eine Tonscherbe, um sich damit zu schaben, während er mitten in der Asche saß, siebenmal sieben Wochen lang. Hat Schäuble diese schmerzhafte Lektion nicht gelernt? Hat er wieder gesündigt in Worten, Taten und Gedanken?

Diese Frage stellt sich, als das wirklich große Ding platzt, als die Krise ihre vorläufige Endstufe erreicht. Zunächst wieder nur Gerüchte. Wenig später ist Berlin in heller Aufregung. Alles redet von dem Loch, das sich nicht mehr versiegeln läßt; ein Loch, aus dem Substanzen sprudeln, die das gesamte Ökosystem bedrohen. Dann die Bestätigung aus dem Finanzministerium: Die Wunde ist wieder aufgebrochen! Ja, jene legendäre Wunde, deren Heilung Schäuble schon vollendet glaubte – sie ist wieder da, sie hat sich durchgesetzt gegen Ärztelobby und Verbände. Schäubles größtes Geheimnis ist aufgedeckt: Wie der sagenhafte König Amfortas leidet er an einer Wunde, die sich nicht schließen will, die Tag um Tag wieder aufbricht, zu gemahnen an unaussprechliche Sünden. Ein fataler Rückfall, ausgerechnet in der schwersten Stunde Europas! Doch es half nichts, die Wunde war offen. Und mit ihr die Frage: Wie geht's weiter? Schäubles Vertraute versuchen, das Problem zu überspielen, tun ihr Möglichstes, die verschiedenen Körpersekrete von den Unterlagen fernzuhalten, als sie ihm das Rettungspaket für Griechenland vorlegen. Sie befestigen Fangnetze, sie streuen spezielle Chemikalien aus, um die Sturmflut, die aus Schäubles Körper brandet, die mit fast 80 000 Litern am Tag aus seinem zarten, knabenhaften Körper schießt, zu bändigen. Es ist unerträglich, es ist ekelhaft.

Wenn Politiker krank werden, können sie auch gestärkt aus der Krise hervorgehen. Beispiel Franz Müntefering: 2005 bricht er in der Öffentlichkeit zusammen, heute hat er eine junge Frau. Gleiches bei Kohl: schwer gestürzt, jung gefreit. Ist Schäuble vielleicht nur auf der Suche nach dem ganz großen privaten Glück? Nach einem aparten Fräulein Schwester mit Helfersyndrom und knallharten fiskalpolitischen Ansichten? Jeder weiß: Schäuble ist Medizinfreak. Er findet es aufregend, wenn an seinem Körper herumgespielt wird, wenn sie zum Einsatz kommen, all die Einläufe, Abläufe, Ausläufe; die Blutwäsche, die Kopfwäsche, die Leichenwäsche – und die Drogen! Noch als Gesunder hatte er Medikamente aus Spaß genommen, hatte Tabletten ausgesucht nach Farbe, Form und den Nebenwirkungen, welche die Beipackzettel versprachen. So tauchte er selig hinab in die Abgründe der eigenen Körperlichkeit, ermaß die eigenen Schmerz- und Leistungsgrenzen, erforschte die weiche, wabbelige Schnittstelle zwischen Körper, Geist und Kosmos.

Er experimentierte mit den Techniken indischer Yogis und Fakire, mit Geißelungen, rituellem Fasten, verzichtete tagelang darauf, sich zu waschen.

Nun fallen die letzten Hemmungen. Die Frage seiner Rivalen, wie belastungsfähig er wirklich ist, will er selbst beantworten. Geschlechtshormone; Medikamente, die seinen Kreislauf kollabieren lassen; Medikamente, die ihn wieder aufbauen, aber seitenverkehrt; seltene arabische Drogen, die Visionen verursachen; seltene russische Getränke, die blind machen – das alles pfeift er sich nun Tag um Tag rein, denn wer sollte ihn daran hindern? Seine Mitarbeiter haben alle Hände voll zu tun, hinter ihm aufzuwischen, und Angela Merkel hat schlicht zuviel Angst vor ihm. Wichtig ist vor allem, darüber zu sprechen, und das tut Schäuble: beim Friseur, beim Konditor und natürlich in den Tagesthemen, denn die Bürger haben ein Recht zu erfahren, wie das werte Befinden des Herrn Finanzministers ist, jederzeit und überall, und so wird die Versorgung der Wunde, natürlich ohne Betäubung, live von Phoenix übertragen, Titel: „Operation am offenen Arsch".

Schäuble ist da, wo er immer hinwollte: Er ist Bundeskanzler der Schmerzen. Gute Besserung!

Die lange Nacht der Medien

Elogen

Virtuelle Personen, sogenannte Avatare, sind
ständige Begleiter des modernen Netzinsassen.
Die Gestaltung dieser artifiziellen Figuren orientiert
sich am Geschmack der breiten Nutzermasse.
Die beiden künstlichen Menschen Anne Will
und Caren Miosga sind dabei die Krönung einer
Spezies, deren Evolution bei Max Headroom
ihren Anfang nahm und bei Johannes B. Kerner
ihr vorläufiges Ende fand: die Moderatoren. Eine
kleine Presseschau, in Originalzitaten.

Die ARD und ihre Girls

Notate aus der Welt des Moderatorinnenjournalismus

Hört man das Wort „Moderatorin", denken die meisten Menschen zuerst mal an gar nichts. Als zweites denken sie aber sofort an Anne Will. Sie ist der Shooting-Star im Moderier-Bineß, niemand kommt mehr an ihr vorbei, seitdem sich die Presse entschieden hat, lange Artikel über Nachrichtensprecherinnen abzudrucken. Denn Anne Will trägt eine der wichtigsten und seriösesten Frisuren der Welt auf dem Kopf herum; von allen Journalisten kann sie die Nachrichten am besten vorlesen. Sie setzt Maßstäbe.

Auch äußerliche. Denn Anne Will ist ohne jeden Zweifel schön. Sie hat seidiges Haar und strahlende Augen. In der Maske wird sie vor jeder Sendung geschminkt, dadurch wirkt sie nicht so leblos und innerlich tot, kleine Rötungen oder Rasierwunden verschwinden unter einer zentimeterdicken Patina. „Ich kann eine innere Lampe einschalten", sagt sie dem *Zeit-Magazin*. Knipst Anne Will diese Lampe an, wirkt sie fröhlich, lustig, lebhaft; knipst sie sie aus, ist sie wieder die kalte und berechnende Anne Will, die ihre Kollegen so hassen.

Denn Anne Will ist nicht nur eine strahlende Gute-Laune-Fee, sie ist auch Geschäftsfrau. Mit einem befreundeten Anwalt hat sie das Unternehmen „Will Media" gegründet, wo man Anne-Will-Ersatzteile ordern kann, wenn ein warmherziges Lächeln oder eine ironische Augenbraue mal den Geist aufgibt. Will ist Profi. Akribisch bereitet sie sich auf jede einzelne Sendung vor. Immer wieder liest sie die Texte, hockt dazu in einem sogenannten Büro – einem kleinen Zimmer mit Stuhl und Tisch. „Draußen wird es gerade dunkel, drinnen leuchtet nur noch ihr Computermonitor. Sie nimmt sich ihre Moderationstexte vor. Sie schreibt einen Satz, spricht ihn laut aus, irgend etwas stimmt nicht, klack-klack-klack machen die Tasten, löschen, umformulieren, wieder laut aussprechen, weitertippen. Es klingt jetzt, als rede sie im Schlaf. Ein Satz, klack-klack, der nächste Satz", berichtet ein sichtlich konsternierter Christoph Amend im *Zeit-Magazin* von den verrückten Arbeitstechniken der Journalistin. In ihrem Büro arbeitet sie am liebsten, im Gegensatz zu ihrer Wohnung, die sie als Rückzugsort, auch als Wohnort betrachtet. Will lebt in Hamburg und Berlin, aber immer nur an einem Ort, nie an beiden gleichzeitig. Das gibt die Geometrie der Raum-Zeit einfach nicht her. Im Büro schreibt sie Text um Text. Klackerklackerpeng. Wenn sich die Nachrichtenlage ändert, muß sie schauen, ob die Texte noch zur Welt passen. „In meinem Büro lasse ich vier Fernseher gleichzeitig laufen, gucke, was die anderen so machen" *(Emma)*. Jedes einzelne ihrer vier Augen richtet sie auf einen Konkurrenzsender. Ein Knochenjob. Fast zuviel Arbeit für eine einzelne Frau – da ist es gut, daß sie ganze Hundertschaften von Mitarbeitern hat, die dafür sorgen, daß sie praktisch überhaupt nichts tun muß. Dennoch: Ihre Konzentration darf nie nachlassen. Ist die Kamera an, muß sie zu sprechen anfangen, steht hingegen ein Mensch oder ein Kollege vor ihr, darf sie nicht zu reden aufhören. Know-how heißt hier Gewußt-wie.

Ihre Sendung heißt „Anne Will", obwohl auch andere Menschen darin auftreten. Aber der ursprünglich geplante Titel „Verschiedene Politiker, die mal wieder ins Fernsehen wollen", war sogar für die neuen Großbildfernseher zu lang. Ansonsten hat sich gegenüber der Vorgängersendung „Sabine Christiansen" praktisch nichts verändert. „Neu ist der Einspielfilm, und neu ist die Couch", weiß zum Beispiel der Reporter der *Welt*. Den Einspielfilm mußten sie neu drehen, weil Christiansens Gesicht dort noch eingeblendet war, die Couch austauschen, weil Christiansens Gestank einfach nicht rauszukriegen war. Jetzt redet Will dort oder sitzt auf der Couch. Oder stößt, wie Amend weiß, „ein mädchenhaftes, beinahe naiv wirkendes Kichern" aus, „oft streicht sie gleichzeitig mit ihren Händen die Haare aus dem Nacken. Es ist eine ziemlich unschlagbare Mischung." Anne Will, ein Profi mit vier Fäusten und Augen. Kichernd streicht sie sich die Haare von den Zähnen, wenn sie, klickerklackerklonk, auf die Tastatur einhämmert.

Zwei Stunden braucht sie, bis der Begrüßungstext für die nächste Sendung steht: „Guten Abend, liebe Zuschauer", wird er heißen. Sie lebt nach Spielregeln, die sie kennt. „Fehler zu wiederholen finde ich doof", sagt sie. Vielleicht ist dies das wichtigste Betriebsgeheimnis der Anne Will: Einfach keine Fehler machen, bewußt nur richtige Entscheidungen treffen – falsche Entscheidungen sind oft keine gute Wahl. Eine Spielregel, die Anne Will kann – wie so vieles. Was sie aber nicht mehr kann, ist, die „Tagesthemen" zu moderieren.

Denn Anne Will hat ihren Platz dort aufgegeben, wurde abgelöst von Caren Miosga. Miosga statt Anne Will, Anne Will statt Christiansen – die Hickhackordnung im Krampfhennenstall ist eine extrem frigide oder rigide. Zweifelsohne ist die „Neue" bei den Tagesthemen eine aparte Erscheinung. Caren Miosga ist schön, schön und entsetzlich wie der Morgen, tückisch wie die See, stärker als die Grundfesten der Erde. Sie hat sehniges Haar und kräftige Augen. „Die 38jährige sieht aus wie frisch geduscht", glaubt die *Berliner Zeitung,* „die Haare leicht gewellt, die Wangen rosig." Die *FAZ* sieht es anders: „Sie hatte sich nicht eigens eine Tagesthemen-Frisur zugelegt, keine kompliziert zerzauste Föhnhaube wie etwa Sabine Christiansen, sie war weder onduliert noch gelockt, dafür, auch der Augenbraue sei Dank, auf eine sehr erwachsene Art mädchenhaft." Das kleine erwachsene Mädchen, weder toupiert noch verschmiert, weder zerzaust noch verlaust, alle sind sie sich einig: Da wurde nicht einfach irgendeine stinkende, vor sich hin grölende Pennerin vom Bahnhof vor die Kamera gezerrt. Die Pennerin ist erwachsen geworden, hat geduscht.
Wie Anne Will ist Miosga jung und hochqualifiziert. Miosga kann drei verschiedene Fremdsprachen benennen (Französisch, Englisch und Belgisch) und vom

Blatt ablesen; Anne Will hingegen ist in der Lage, alle europäischen Hauptstädte nachzuschlagen und kurze Texte auf dem Teleprompter zu erkennen. „Aber", hakt die *Berliner Zeitung* nach, „kann sie auch die Augenbraue so ironisch-kess lupfen wie ihre Vorgängerin Anne Will? Caren Miosga sagt, sie kann, aber nicht auf Kommando." Absurde Muskelkrämpfe tanzen über ihr Gesicht, wenn sie es trotzdem versucht. „Sie kann die Nase hin- und herziehen und sie dabei ein wenig kräuseln, so wie es Kaninchen manchmal tun" *(Berliner Zeitung)*. Ein Talent, mit dem man nicht auf die Welt kommt: Man muß damit geboren sein.

Andere Dinge mußte Miosga erst noch lernen, mußte sich bei den Tagesthemen erst behaupten. Zwei wichtige Grundsätze hat sie sich für die Moderierarbeit auferlegt: 1.) Wenn die Sendung beginnt, muß sie in die Kamera sehen. 2.) Ist die Sendung aus, muß sie nach Hause fahren. Ähnliche Prinzipien im Umgang mit ihren Kollegen: Hallo, Uli Wickert, sagt sie, wenn sie ihn auf der Straße trifft. Oder Tom Buhrow. Zwei verschiedene Männer mit zwei verschiedenen Namen, die sie beide kennen muß und nur verwechseln darf, wenn es dunkel ist. Der Wiedererkennungseffekt ist entscheidend: Die Zuschauer wollen dieselbe Frau sehen, wenn im Fernsehen der Schriftzug „Caren Miosga" eingeblendet wird. Wenn sie am Montag strahlend wie der Jüngste Tag und mit auf Hochglanz frisiertem Haar auftritt, kann sie am nächsten nicht mit eitrigem Aussatz und büschelweise Haarausfall kommen. Genauso wichtig ist es, bei Terminen zum richtigen Ort zu gehen, nicht einfach wie ein frisch geköpftes Huhn blindlings durch die Gegend zu rennen. Auch das hat sie lernen müssen. „Zu ihren eigenen Probe-Tagesthemen sei sie prompt zu spät gekommen. Sie hat sich zwischen Maske und Studio verlaufen. Es sei schon eine große Herausforderung" *(Berliner Zeitung)*. Spielregeln, die einem keiner beibringt.

Miosga hat lange fürs Radio gearbeitet. Ein völlig anderes Medium. Ihr Aussehen konnte so nicht zur Geltung kommen, sie mußte es dem Publikum erst vermitteln. Liebe Hörerinnen und Hörer, ich habe seidiges Haar und bin schön geschminkt, ich bin gutaussehend, meine Stimme ist wohlklingend und subtil erotisch. Meine Kleidung hat mehr Geld gekostet als Ihre. Bei den Tagesthemen sind solche Ankündigungen verzichtbar, ihr Aussehen kommt wieder zur Geltung, ebenso wie die Garderobe. Miosga weiß: Jeden Tag muß sie Kleidung anziehen, sonst wird sie auf der Straße komisch angesehen oder verhaftet. Spielregeln, die einem jeder beibringt. Spielregeln, die einzuhalten sich lohnt: Seit sie mit der Arbeit angefangen hat, landet jeden Monat ein Geldbetrag auf ihrem Konto. Sie nennt es Gehalt.

Millionen sehen sie an. Sie hingegen kann nur Tom Buhrow sehen. Seinen lüsternen Blick, den Schweiß auf seiner Stirn, den Wahnsinn in seinen Augen. Die Tagesthemen sind sexy geworden, sinnlich, sündhaft, brünstig, bacchantisch; knapp unterdrückte Triebe züngeln und zappeln, nur unterbrochen durch gelegentliche Ausbrüche von topseriösem Spitzenjournalismus.

Wo stehen Miosga und Will in zehn Jahren? Werden sie noch so strahlende Haare und seidige Augen haben? Oder werden sie sich nicht doch ganz allmählich in Runzel-, Moppel-, Wabbel-Ichs verwandeln? Vor allem aber: Wird man noch immer in den Zeitungen lesen können, wie die zwei gerade aussehen? Werden Hochzeiten zu feiern sein, will am End' gar Amend Will, wird es also, klickerklacker, eine spannende Journalistenhochzeit zwischen dem Chefirren vom *Zeit-Magazin* und der Starmoderatorin geben? Wird dann Anne Will-Amend in ihrer Sendung eine – inzwischen natürlich von vielenvielen Falten umkränzte – Augenbraue lupfen? Die Spielregeln sind bekannt. Oder, um es mit Dagmar Berghoff zu sagen: Gute Nacht, bis morgen. Die neue Zeit ist da.

Die Generation Gefällt mir feiert gerne. Wir besaufen uns auf Facebook-Partys und bejubeln dort besonders gelungene Statusmeldungen, wir chillen bei Twitter-Sausen und gehen erst nach Hause, wenn die maximale Zeichenmenge von 140 Buchstaben ausgeschöpft ist. Am liebsten feiern wir dort, wo das alle anderen auch schon tun. Im Berghain, Berlin-Friedrichshain, „dem besten Club der Welt" (Hörzu).

Das Berghain

Geheimnisse einer Top-Disko

Es ist eine Edeldisko ohne Tabus, der feuchte Traum jedes Musikjournalisten: das Berghain, vielleicht Berlins geheimster Club, mindestens aber der exklusivste. Die Tür gilt als die härteste der Stadt, denn dort führt er ein strammes Regiment: Herr Marquard. Seit dem Ende seiner akademischen Laufbahn sorgt der Philosoph Odo Marquard („Abschied vom Prinzipiellen") dafür, daß nur reinkommt, wer paßt. Die Regeln für einen potentiellen Gast sind immer dieselben: Er muß schick sein, nicht zu dick sein, mit viel Zaster, keine Laster, schön solide, nicht zu müde, kurz und klein: Er muß ein Engel sein! Aber auch die Mischung ist wichtig: Homos und Heteros, Anzugtypen und Messerpunks, Provinzler aus dem Süden und Hawaii-hemdtouristen aus Übersee. Wer unbedingt reinwill, kommt natürlich auch so rein, und sei es mit ein paar unmißverständlichen Drohungen an das gebrechliche Zitteräffchen von Türsteher („Lassen Sie mich durch, Sie halbe Portion"). Nur eine eiserne Regel gilt: Niemand schmuggelt hier ungestraft irgendwelche Drogen rein. Denn die muß man drinnen kaufen.

Ist man aber erst mal drin, wird einem richtig was geboten: gediegenes Eichefurnier und nackter Waschbeton, Bilder an den Wänden und Lampen an den Decken. An der Bar kriegt man tolle Caipis, ein gepflegtes Weißbier oder einen leckeren Milchkaffee – aber auch Dinge, die nicht hinter jedem Tresen zu finden sind: Knusprige Backhendl, jedes garantiert mindestens ein Pfund schwer und schlachtfrisch, drehen sich brutzelnd an ihren Spießen, fast ebenso geschwind wie die Zuckerwatte in ihrer Zentrifuge, und auch Freunde einer leckeren Erbsensuppe mit deftiger Einlage kommen auf ihre Kosten – außer freitags, denn da ist Fischstäbchentag. An den Wänden hängen Fotos und naive Malerei, denn die Berghain-Mitarbeiter sind nicht die üblichen verstrahlten Diskojobber, sondern haben auch höhere Interessen: Der Türsteher ist Fotograf, die Toilettenfrau Schmuckdesignerin, der Eigentümer ganz normaler Unternehmer.

Eine ganze Industrie basiert auf dem Berghain. Da sind die kleinen Läden im Erdgeschoß, wo man sich ein Stück Pizza oder ein frisches Warsteiner kaufen kann, der Souvenirshop im Souterrain und der edle Sushijapaner im Dach, wo man nach getaner Tanzarbeit ein paar Ramen essen und ein gepflegtes Kirin trinken kann – nicht zu vergessen die Douglasfiliale, die letztes Jahr aufgemacht hat, der witzige Münzenlangziehautomat neben der Garderobe und, ganz wichtig: das „Kinderparadies" mit dem Ballbecken, wo unsere Kleinsten fröhlich herumsitzen können, während Mama und Papa eine gepflegte Sohle aufs Parkett legen. Neunzig Millionen Besucher bescheren dem Berghain den Jahresumsatz eines kleinen Landes. Und sie kommen von überallher: Schon am Hauptbahnhof fragt der Japaner mit der Kamera nach dem „Beruguhain", der Franzose mit dem Froschbaguette nach „la petite bergère", der Texaner mit dem Schrotgewehr nach „the goddamn fags". Die Gästeliste hat Telefonbuchstärke, und ähnlich wie in Bayreuth muß man viele Jahre auf einen Listenplatz warten oder jemanden kennen, der einen reinschleust. Man ist hier unter sich und möchte es auch bleiben – ein Familienbetrieb wie jeder andere, wo es die Familienmitglieder miteinander treiben.

Mythen ranken sich um das Berghain: Der Schauspieler August Diehl („Zweiohrküken – Film ohne Gewissen") soll einmal versehentlich nicht erkannt worden sein und mußte erst ein großes Geschrei veranstalten („Wissen Sie eigentlich, wer ich bin, Sie halbe Portion!"), bevor er endlich Einlaß fand. Und der vollkommen beschwipste Regierende Brüdermeister Klaus Wowereit soll nach einer besonders wilden Nacht einem anderen Gast eine kleine Unverschämtheit an den Kopf geworfen haben – der Wortlaut ist nicht überliefert, denn Diskretion wird traditionell großgeschrieben im Berghain. Das Fotografieren und Filmen ist nicht gestattet, außer für Fernsehteams, die Crew der Sat.1-Berghain-Soap „Anna und das Berghain" und für das Berghain-Korrespondentenstudio des Bayerischen Rundfunks mit der exklusiven Berghain-Presselounge, wo es kleine Käsewürfel und Oliven auf Plastikspießchen gibt. Dort trifft man auch meist den Gustav Seibt von der *Süddeutschen* und die Julia Spinola von der *FAZ*; früher auch den Musikkritiker der *Zeit*, Joachim Kaiser, stets im angeregten Disput mit Altbundeskanzler Helmut Schmidt – und wie immer bittet Frau Spinola den DJ gegen 23 Uhr, wenn die Stimmung auf dem Siedepunkt ist, die Musik ein bißchen runterzudrehen, weil sie sich wieder mit einem netten Lederschwulen in ein Gespräch über slawische Traditionselemente in der Orchestermusik Pendereckis verrannt hat.

Und dann ist da noch die berühmte sexuelle Freizügigkeit: Im Berghain gibt es nämlich keine Tabus. Überhaupt keine! Dafür hat das Berghain neulich sogar das Bundesverdienstkreuz am Bande erhalten, und das war schon so ein kleiner Höhepunkt für die Berghain-Leute, eine kleine Anerkennung für den langen Kampf gegen all die Tabus und die Verklommenheit im Lande. Denn das Berghain ist natürlich mehr als eine jahrelang gehypte Homotränke. Es ist ein Wallfahrtsort, ein Wellneßort, ein Ort gepflegter Musikkultur, aber auch der langen Nächte, wo sich Möchtegernphilosophen, Filous und stramme Altmarxisten bei einem frischen Bierchen die Köpfe heißreden, wo aber auch die typischen Berliner „Orischinale" verkehren: der Jukebox-Ede, die Busen-Tina, Jürgen Sixt, der nackte Jörg und „der Österreicher". Sie kommen herein, sie sagen hallo, sie bestellen einen gepflegten Rotwein an der Bar und bleiben dort sitzen, bis sie mit hochrotem Gesicht gurgelnd vom Stuhl fallen.

Die Geschichte des Berghain ist wechselvoll. Gegründet wurde der Club zunächst als „Tanzschule Schleindl" 1922 in Charlottenburg; dort trafen sich nach den Übungen die Damen und auch einige

„Herren" bei einer gepflegten Ovomaltine. Musik gab es keine, denn die galt als Pfad zur Unzucht, und Tanz war eine Art berührungslose Rhythmusgymnastik im Hemd. Als im Zuge der Wirtschaftskrise die Mieten stiegen, folgte der Umzug in ein altes Getreidesilo in Friedrichshain. Dort wurde dann auch Musik gespielt: Dixie, Dark Foxtrot und Industrial Dixie. Die Nationalsozialisten ließen das Treiben gewähren, war der Sage nach doch kein Geringerer als Hermann Göring einer der eifrigsten Dunkelkammernutzer – und auch wenn das Untergeschoß im Krieg als Außenstelle des KZ Sachsenhausen herhalten mußte: Auf den Tanzbetrieb oben hatte das keinen Einfluß. Dort war die Stimmung immer supergepflegt, und die Minimal Beats von DJ Amibomber rockten das Haus bis zum Zusammenbruch.

Und so rockt das Berghain auch heute noch unermüdlich, ein wummerndes Heizluftwerk mit viel zu niedrigem Wirkungsgrad, mitten im kalten Herzen Berlins. Weit nach ein Uhr, lange nachdem sich die Nachbarn zum letzten Mal beschwert haben, wenn endlich, endlich „I will survive" gespielt wird und die verborgenen Ventilatoren Konfetti und Feenstaub in die Luft pusten – dann geht das Licht wieder an, dann ist wieder eine extrem gepflegte Nacht herum im Berghain, und sie war wieder sehr, sehr schön.

Manchmal wird uns alles zuviel: Das tägliche Ringen um Aufmerksamkeit, der zähe Kampf gegen den Büroschlaf, das unablässige Brausen der Informationsflut da draußen. Manchmal wünschen wir uns, ins Kloster zu gehen und stille Einkehr zu halten. Wir bewundern dabei jene Mönche, die es schaffen, Kontemplation und ewiges Weiterwursteln miteinander zu verbinden.

Traumberuf Managermönch

Wie kann ich als Managermönch Karriere machen? Das fragen sich viele junge Menschen heute, seitdem die üblichen Karrierepfade „Buchprüfer", „System-gastronom" oder „Künstler in Berlin" ausgetreten sind. Erfolgsmönche, die es mit Kutte, Klingelbeutel und Konsulting nach ganz oben geschafft haben, gibt es zuhauf, Mönche sind wieder auf dem Vormarsch.

Dabei war bis in neueste Zeit die Gesellschaft schmerzhaft mönchsfrei. Die Brüder waren ins Kloster eingesperrt, fraßen sich bei der Landbevölkerung durch und litten unter ihrem unverdienten Ruf als Geißel der Menschheit – besonders während der Französischen Revolution, wo man sie irrtümlich zu unnützen Essern stilisierte: „Ist es denn möglich, daß man sich das Spektakel dieser schwarzen und weißen Mönche, kahlgeschoren oder bärtig, mit Schusters Rappen oder unbeschuht, dieser ganzen verfluchten Kanaille von Faulenzern so lange hat gefallen lassen", fragte damals der Mönchskritiker Jacques-René Hébert, und es wurde dann recht stille um die Mönche, sie waren einfach nicht mehr bei der Sache bzw. geköpft. Zu Unrecht! Im 20. Jahrhundert faßte das „Mönchspack" (Hébert) endlich wieder Mut, bis sie schließlich mit den richtig Großen mithalten konnten – und Top-Manager wurden.

Vier Erfolgsmönche

Der Eremit

Der erfolgreiche Benediktiner **Anselm Grün** wußte schon als ganz kleiner Novize, wo das liebe Geld herkommt – „im Elektrogeschäft seiner Eltern verkaufte er dort bereits als kleiner Junge Glühbirnen und

Taschenlampen" (Verlagswerbung). Fortan wollte er dorthin, wo er zu Recht das große Geld vermutete: ins Kloster Münsterschwarzach.

Kaum hatte er das Stift kaputtsaniert, studierte er BWL, Weisheitslehre und Bartwuchs; zur Tarnung schrieb er ein Buch, „Reinheit des Herzens". Seither hielt die herzensreine Grünbirne mindestens „zweihundert Vorträge im In- und Ausland", Managern zu zeigen, wie sie nach einem Leben voller Zynismus und Gier auch noch ihren inneren Frieden abkriegen. Bei besonders heillosen Schleimbeuteln macht Grün auch Hausbesuche, etwa bei Reinhold Beckmann, der Grün „einen lächelnden Partner" nannte, „der ganz persönliche Antworten anbietet. ... Und plötzlich findet sich so etwas Schweres wie der Sinn des Lebens ganz nahe neben einer leichten Heiterkeit und einer schlichten Weisheit. Einfach so und wirklich ganz einfach..."

Schlichte Weisheiten für heitere Gemüter sind für den lächelnden Panther ein schöner Zuverdienst, was literarische Schwergewichte wie „Alles Gute zum Geburtstag", „Gute Besserung" und „Dankeschön" (jeweils 5 Euro, Vier-Türme-Verlag) belegen – mittlerweile sind es schon knapp zweihundert kerngesunde Büchlein!

Bis zur Veröffentlichung von „Heile heile Segen", „Schönen Tag noch" und „Auf Wiederhören" wird es aber noch dauern, schließlich hat Grün einen ganzen

Dudenband „Redewendungen und Sprichwörter"
durchzuarbeiten.

Der Bettelmönch

Über den Umweg des Fernsehens führte der Erfolgs-
weg des **Bruder Paulus Terwitte,** der sich auf soziales
Engagement verstiegen hat. Kennen könnte man den
umtriebigen Kapuziner aus seiner Sendung „Ethik –
Um Gottes Willen" auf N24. Dort bot er Minderheiten
ein Forum, wie z.B. einer wie narrisch vor sich hin
plappernden Barbara Eligmann. Bruder Paulus ist aber
auch Buchautor, besonders das „Praying" (Beting) hat
es ihm angetan („Play & Pray: Das Jugendgebetbuch
zur Fußball-WM 2006", „PRAY! – Das Jugendgebetbuch im Hosentaschenformat", „Die 99-Minuten-
Bibel"). Da es ihm nicht genügt, nur in den Hosenta-
schen von Sportlern und Teenies zu stecken, schreibt
der gelernte Ablaßhändler auch fürs *Bankmagazin*
und hält Vorträge für jeden, der seiner Devise „Pray &

Pay" folgen kann: „Wie lassen Sie sich denn bezahlen für einen Vortrag?" fragte das *Darmstädter Echo*. „Bei einer Gemeinde orientiere ich mich an dem, was etwa ein Elektromeister pro Stunde bekommt. Da gucken manche sicher groß. Das nehme ich aber gerne für das Kloster. Je größer das Unternehmen, um so mehr verlange ich. Ich kenne meinen Marktwert. – *Da haben Sie auch keine Skrupel als Kirchenmann?* – Wieso denn? Man muß sich nicht unter Wert verkaufen. Mein Vater ist Obst- und Gemüsehändler gewesen. Da habe ich das gelernt." Jeden Tag nimmt sich der sündhaft teure Vortragskünstler 99 Minuten Zeit fürs Ego-Googling – ein Moment der Stille, der ganz ihm gehört.

Berufsbild Bettelmönch
Einkommen: wie ein Elektromeister
Bei Großunternehmen: wie ein Gemüsehändler
Sport: befriedigend
Bibel: kurz

Der Flagellant

Als Producer reüssierte **Gregor Henckel von Donners-marck,** Herr über das österreichische Stift Heiligenkreuz, der den gleichnamigen Film- und Fernsehfratz Florian („Das Leben der Anderen") zum Neffen hat.

Um Geld zu verdienen, zwang der lustige Abt seine Mönche, eine CD mit gregorianischen „Chants" zu machen, die schnell in den Charts war und viel Geld einbrachte – ein Stoßgebet zu St. Universal machte es möglich! Nach dem Wehrdienst besuchte der Topmanager die „Hochschule für Welthandel" in Wien, war Geschäftsführer der Firma Schenker. Er ist Leutnant der Reserve, Aumônier-Vicaire des Ordens vom Goldenen Vlies und Konflatularkaplan der Fickizianer (nein). Managementqualitäten mußte der Prälat beweisen, als es im Stift heiß herging: „Nach angeblichen sexuellen Übergriffen durch einen Wiener Bischofsvikar befindet sich ein Mönch aus Heiligenkreuz in psychiatrischer Behandlung", so *profil:* „Frater Konstantin berichtet, Bischofsvikar Andreas Pfeifer (Name von der Redaktion geändert), Kardinal Schönborns Stellvertreter ..., habe ihn im Herbst 2005 zunächst in die pfarrhöfliche Sauna nach Sittendorf *(sic!)* und danach in die Gemächer der Pfarre Alland mitgenommen. Dort habe er eine Flasche Whisky geöffnet, um ihn danach ‚zu masturbieren', was er selbst, Konstantin, ‚gelähmt' über sich ergehen habe lassen müssen. ... Bischofsvikar Pfeifer erklärte gegenüber *profil,* ... er erinnere sich nicht mehr, schließlich ‚waren wir beide ja besoffen'." Das war ein ärgerliches Vorkommnis, und der zuständige Abt Donnersmarck hatte kräftig zu managen und zu schimpfen. Nämlich auf den mißbrauchten Mönch, der auch den Mund hätte halten können: „Dieser Mann

habe ohnehin nie wirklich am klösterlichen Leben teil-
genommen, sei nur ‚zum Essenabholen erschienen'",
läßt sich der Abt zitieren. Überdies sei er, Henckel-
Donnersmarck, von Homosexuellen stets unbehelligt
geblieben, weil er nach eigener Einschätzung „ein
schiacher Hund" sei.

Für sein geschicktes Management während der Hei-
ligenkreuzer Wichs-Krise wurde Abt Gregor bereits
vom Papst ausgezeichnet: „Mit Datum vom 3. März
ließ der Heilige Vater, Papst Benedikt XVI., unserem
Herrn Abt eine hohe dekorative Auszeichnung zuteil
werden: Er verlieh ihm den violetten Phallus", Quatsch,
„Pileolus, der nur Bischöfen und besonderen Prälaten
vorbehalten ist." (stift-heiligenkreuz.de). Und besonders schiachen Hunden natürlich auch.

Berufsbild Flagellant
Einkommen: ja
Whisky: ja
Sauna: ja

Der Regularkanoniker

Abtprimas **Notker Wolf** ist König der Benediktiner und
unbeschnittenes Oberhaupt der Managermönche. Seit
er von der „Initiative Neue Soziale Marktwirtschaft"

eingekauft wurde, ist er ein bundesweit begehrter Berater zum Thema „überbordender Sozialstaat". Seine Liebe gilt China, wo ihn die „Aufbruchstimmung" fasziniert, die in Deutschland erstickt wird durch „Bürokratie, immer mehr Bürokratie und eine ausufernde Gesetzesflut", die gerade Mönchen das Leben zur Hölle macht. Um dem bürokratischen Papierstau Einhalt zu gebieten, hat er Bücher geschrieben, z.B. „Worauf warten wir" und „Die Kunst, Menschen zu führen".

Folgt man dem Coach in der Kutte, wird „im globalen Dorf der absehbaren Zukunft" jedenfalls „ein gnadenloser Wettbewerb herrschen". Daher muß jetzt rasch der Sozialstaat zurückgebaut und gerettet werden durch Rückbesinnung auf Tugenden wie „Pünktlichkeit, Gewissenhaftigkeit und Organisationstalent". Daß man damit auch „ein KZ leiten kann, ... spricht jedenfalls nicht gegen sie. Denn mit denselben Tugenden kann man ein KZ auch befreien." Gemütlicher als ein KZ ist das von Abt Notker kunstvoll geführte Deutschland aber nicht, denn: „Es gibt kein Menschenrecht auf ein bequemes Leben und vier Wochen Urlaub."

Neben dem Bürokratieabbau hat Abt Notgeil, wie ihn seine Frau manchmal nennt, ein weiteres Beratungsfeld: die Sexualität. Am liebsten an der Schule, wo er das Hauptproblem schon ausgemacht hat: „die Mädchen. Ich finde, daß der erotische Wettbewerb an der Schule nichts zu suchen hat. Die Schule ist nicht bloß eine lästige Zwischenstation zwischen Disko und Bräunungsstudio." Um wieviel besser ist da das Klosterleben! Obwohl auch dieses in Notkers Jugend keineswegs frei war von Erotik – und Verdächtigungen: „Man konnte ja nicht einmal zu einem Mitbruder aufs Zimmer gehen, ohne sogleich Verdacht zu erregen – da mußte dann so lange die Tür offen bleiben, wie zwei auf einem Zimmer miteinander redeten." Bei dem kleinen Notker war der Verdacht natürlich immer schnell erregt – und meist auch erhärtet! Weil der Bruder auch heute noch gerne junge Menschen um sich weiß, hat er sich eine E-Gitarre gekauft und tourt nun mit seiner Rockband *Fickbett*, Unsinn, *Feedback* durch die Gegend. Er mag den Song *Highway to Hell* von AC/DC, Headbanging und Churchburning; was er nicht mag, sind „die 68er" sowie mönchskritische Warnsprüche aus dem Mittelalter („Hut man sich, das ist mein rat, / vor dem wolf, der in schwarzen kutten gat"). Notker Wolf, der pünktlichste KZ-Befreier Deutschlands, ist auf dem Boden geblieben.

Berufsbild Regularkanoniker
Einkommen: sehr gut
Urlaub: keiner
Sexualität: nur bei geschlossenen Türen

Alles hätte prima laufen können für den Benedik-
tiner **Anselm Bilgri.** Nicht nur leitete er das Kloster
Andechs, sondern auch das dortige „internationale
Seminarzentrum für Unternehmer und Manager", wie
die ARD wußten: „Gestreßte Manager können sich in
Pater Anselms Kloster nicht nur mit einem zünftigen
Mahl stärken, sondern auch durch drei verschiedene
Seminararten ... Gestärkt durch ‚Weisheit und Spi-
ritualität' sollen sich die Führungskräfte mit Erfolg
‚Leistungsdruck, Gewinnstreben und Schnellebigkeit'
erwehren können." So hieß es 2004, und das Magazin
brand eins erfuhr noch zünftigere Pläne: „Er will ein
Pilgerhotel am Rande des ‚Heiligen Berges' bauen.
Und einen Golfplatz. ... Klöster seien schon immer
Relaisstationen gewesen, um von den Reichen das
Geld zu nehmen und es an die Armen zu geben. Nichts
anderes passiere bei einem Golfplatz." So viel Gutes
hätte durch dieses Golfrelais bewirkt werden kön-
nen, doch – ach! Schon drei Jahre später heißt es im
Manager-Magazin: „Im christlichen Vorzeigebetrieb
Kloster Andechs rumort es. Seitdem der ökonomisch
orientierte Prior Anselm Bilgri den Kampf um den
Posten des Abtes im vergangenen Jahr verloren hat,
tobt unter den Mönchen ein Streit über die künftige
Ausrichtung des ‚Heiligen Berges'. Jetzt wurde ein
enger Vertrauter Bilgris mit Hausverbot belegt. – Die

Münchner Staatsanwaltschaft ermittelt nach einer Anzeige des Klosters wegen Verdachts der Untreue gegen den Manager. Er soll unter anderem auf Kosten des Klosters Urlaub auf Mallorca gemacht haben. Bilgri erklärte dagegen, es habe sich um eine von ihm ausdrücklich genehmigte Fortbildung gehandelt." Der Staatsanwalt verkennt, daß Mönche schon immer Fortbildungen auf Mallorca machten, um das viele Geld, daß sie den Reichen beim Golfen abgenommen hatten, unter den Balearmen zu verteilen. Doch auch die Mitbrüder waren eher schnellebig, warfen Bilgri achtkant aus dem Orden. Jetzt fristet Bilgri sein Dasein als Unternehmensberater – und das ist ohne Robe ja nur halb so geil!

Fazit:

Junge Menschen, die Lust haben auf Geld, Sex und Medienpräsenz bis zum Abwinken, sollten dringend in ein Kloster gehen. Wenn man dabei erfolgreich ist, ist es gut (vgl. Bsp. 1–4), wenn nicht, sollte man was anderes machen (Bsp. 5).

Die Familie Ochsenknecht ist unser Vorbild fürs Zusammenleben. Jeder versucht, den anderen auszustechen, aber jeder profitiert auch vom Ruhm des anderen. Jeder für sich ist eine komplett künstliche, leblose Gestalt ohne Ideen und Charme, aber im Rudel kann ihnen keiner was. Wir boxen uns durchs Leben und hören dazu die Musik von Jimi Blue, dem Ochsenknecht. Weil sie uns daran erinnert, wie scheiße wir sind.

JIMI BLUE OCHSENKNECHT

Traumtyp am Limit

Viele neue Fan-Fun-Fakten zum großen deutschen Teenie-Pop-Idol

Oft wird Jimi Blue Ochsenknecht mit seinem Bruder Wilson Gonzalez Ochsenknecht verwechselt. Dabei sind die beiden so unterschiedlich wie Tagundnachtgleiche: Wilson ist der mit den Haaren, Jimi der mit dem Face. Und Uwe ist der mit den Söhnen.

*

Wenn Jimi etwas nicht mag, dann sind es die vielen Spießer und superreichen Entertainment-Ärsche in München-Grünwald, mit denen sich die Ochsenknechts so lange die Nachbarschaft teilen mußten. Doch einer wie Jimi läßt sich von diesen Spacken nicht die Petersilie verhageln – und fliegt oft ganz spontan nach London, wo es sich prima shoppen läßt. Dann ist der alte Ärger schnell vergessen, und ein neuer kann beginnen.

*

Viele wissen nicht, daß Jimi auch eine Schwester hat: Cheyenne Pfeffer Ochsenknecht. Cheyenne darf aber nicht so oft ins Fernsehen wie ihre Brüder, weil sonst die Identität der Ochsenmarke verwässert würde.

*

Jimi Blues größter Traum: einmal einen thermonuklearen Sprengkopf besitzen! Glück im Unglück: Sein Vater Uwe Ochsenknecht ist sehr wohlhabend und erfüllt ihm jeden noch so törichten Wunsch, kaum, daß er geäußert ward. Jetzt kann sich Jimi neue Ziele setzen. Die unser Sonntagskind auch ganz bestimmt erreichen wird!

Seinen Halbbruder Rocco kann Jimi leider nicht besuchen: Vater Ochse Uwenknecht rückt den Schlüssel für den Gartenschuppen nicht raus! Dort wohnt das schwarze Schaf der Familie seit der berüchtigten Unterhaltsklage Roccos. Trotzdem nimmt Jimi manchmal Kontakt zum ungeliebten Geschwister auf – und wirft ihm z.B. ein paar Knallfrösche durchs Fenster. So hat Rocco wenigstens ein bißchen Abwechslung!

Viel wichtiger ist ihm aber sein echter Bruder Wilson. Der sagte *Bild*, was ihn mit seinem jüngeren Bruder verbindet: „Wenn er Scheiße baut, kriegt er eine drauf." Und wenn er keine baut, natürlich erst recht! Die Griechen nannten das *philadelphia,* „brüderliche Zuneigung". Heute würden wir das nicht mehr so nennen.

*

Jimi Blue weiß, wie er mit Mädchen umgehen muß. Wenn ihn ein Girl interessiert, geht er ganz langsam ran. Erst beobachtet er sie, studiert ihre Vorlieben und Hobbys, schreibt anonyme Briefe. Dann läßt er seine Herzensdame entführen, einschüchtern und später im Wald aussetzen. Das bringt die Mädels voll um den Verstand!

*

Eine ganz besondere Beziehung pflegt Jimi zu Simone Thomalla (79). Schon in der Kindheit briet sie ihm zu Weihnachten die köstlichsten Haschkekse. Doch Thomalla bedeutet Jimi viel mehr: Sie ist auch die Frau, die ihn zum Mann gemacht hat. Heute telefonieren sie mindestens einmal die Woche. Er nennt sie dann „meine mächtige Faltengöttin", sie nennt ihn „Spasti".

Mega-Downer: Eine einstweilige Verfügung verbietet Frau Thomalla, sich Jimi auf mehr als hundert Meter zu nähern. Doch Jimi weiß: Auch eine Fernbeziehung kann prickelnd sein...

*

Jimi hört am liebsten die Musik von Robert Enke und mag dieses irre neue Bier, das nach Grapefruit, Zitronentüchlein und Kondomen schmeckt.

*

Jimi legt auf Ordnung großen Wert, ist kein Schlamper, keine Pottsau. So findet er es z.B. superwichtig, daß die Nanny seine Unterhosen richtig zusammenfaltet. Sonst faltet er *sie* nämlich zusammen. Also, die Nanny jetzt. Die kann dann gleich wieder zurück nach Weißrußland gehen.

*

Wenn er in München U-Bahn fährt, rückt Jimi schon mal zur Seite, wenn sich eine alte Frau hinsetzen will. Und wenn es dann zufällig Simone Thomalla ist, kann's auch gleich losgehen mit der wilden Knutscherei! That's Jimi – he let's nothing anbrennen...

Jimi ist ein gläserner Mensch, steht voll auf die Tyrannei der Intimität! Der *Bravo* sagte er: „Ich habe keinen Schlüssel für mein Zimmer. Es kann jeder immer reinkommen. Außer Cheyenne klopfen die anderen aber an. Und wenn nicht, ist es auch nicht schlimm, weil es ja meine Familie ist." Denn merke: Klopfen oder nicht klopfen – tüchtig Geklopfte gibt's auf alle Fälle.

*

Irres Eso-Ding: Wie die Brüder Löwenherz werden Jimi Blue und Wilson Gonzales nach ihrem Tode jedes Mal zusammen wiedergeboren – das letzte Mal in Nangijalla, dem Land, wo auch die ganz miesen Geschichten noch lebendig sind. Einziges Problem: Die beiden können sich auf den Tod nicht ausstehen!

Denn Jimi riecht, und Wilson macht noch ins Bett —
behauptet zumindest jeder der beiden vom jeweils
anderen. Karma kann auch weh tun...

*

Jimi gibt sich gern geheimnisvoll. Wenn z.B. Simone
Thomalla anruft, läßt er das Telefon manchmal extrem
lange klingeln, meldet sich dann irgendwann mit „Wilson", „Spasti" oder „Sorry, verwählt". Das erhöht die
Spannung in der Beziehung und gibt Jimi das schöne
Gefühl, gebraucht zu werden. Manchmal hat Jimi aber
auch Lust, sich inkognito unters Volk zu mischen. Dann
verkleidet er sich als Kalif von Bagdad und kann in den
Straßen unerkannt mitanhören, was die Untertanen
wirklich über seine Lieder und Filme denken.

*

Einmal lag Jimi nachts im Bett und kuschelte mit
seinem Bruder Wilson Godzilla, wie das die beiden
zu vorgerückter Stunde stets zu tun pflegten, wenn
sich im Haus nichts mehr rührte. Auch diesmal ging
die Sache gut voran, alles lief wie am Schnürchen.

Doch kurz bevor es zum Höhepunkt kam, platzte zur Tür herein – der fürchterliche Ochsenknecht, beider Erzeuger! „Was zum Geier macht ihr zwei Schwuchteln hier eigentlich?!" brüllte er wie ein heißblütiger Matador. Noch bevor die beiden verdutzten Kälber zu einer Erklärung ansetzen konnten, hatte der Ochsenknecht schon seinen riesigen, knotigen Ochsenziemer herausgeholt. Die heiße Ochsenschwanzsuppe, die es dann gleich literweise setzte, mußten die beiden Lausbuben ganz allein auslöffeln!

Das entbürokratisierte Gehirn

Reporte

Die Ergebnisse der neueren Hirnforschung sind bedrückend. Alles, was wir tun, wird in Wahrheit vom Gehirn gesteuert, auch unser Denken scheint darin stattzufinden. Fragen für die Zukunft drängen sich auf: Läßt sich das Gehirn klonen? Kann das Gehirn unsere Energieprobleme lösen? Kann bald jeder sein Gehirn nach Belieben nutzen? Die „Dana-Foundation" ist Ausrichterin der Internationalen „Brain Awareness Week". Ziel ist es, sich in dieser Woche seines eigenen Hirns bewußt zu werden, das Problemfeld „Hirn" in den Köpfen zu aktiveren. Und zwar überall auf der Welt, in Amerika, Afrika und Andalusien – über 2100 Einrichtungen in 73 Ländern machen mit! Und leider auch Deutschland.

„Die Verwirrung nimmt zu"

Deutschland in der 12. Internationalen „Woche des Gehirns"

Es ist ein schwammiger Samstagmorgen im beschaulichen Neumarkt in der Oberpfalz. Der Nieselregen peitscht die Gassen und die Gesichter der wenigen Passanten. Kein Begrüßungskomitee erwartet die Korrespondenten, die sich aufgemacht haben, nachzuspüren, wie sich Neumarkt dem Thema „Hirn" nähern will. Ruhig es ist auf der Fuzo. Niemand ahnt, daß im nur wenige Meter entfernten Bürgerhaus gleich die Grenzen des Verstandes ausgelotet, Hirne auf Hochleistung gedrillt werden. Bei den Passanten sitzt die „brain awareness" noch nicht sehr firm. Nach der „Woche des Gehirns" befragt, weiß eine robuste Greisin immerhin: „Keine Ahnung, gehen Sie doch zu den Jugendlichen im Stadtcafé." Die ungestüm herumstehende Neumarkter Hiphop-Jugend, die sich dort aufgebaut hat, will aber lieber gar nicht erst befragt sein. Beunruhigend auch die Lage in der Gastronomie: Keines der drei wie Perlen gereihten Wirtshäuser „Obere Gans", „Mittlere Gans" und „Untere Gans" hat Hirn auf der Karte. In der Buchhandlung Rupprecht hat man immerhin schon mal von der Sache gehört und bestätigt ansonsten gerne, daß sich die Woche des Gehirns nicht im geringsten auf den Absatz auswirkt. „Wir haben Sachen rausgestellt wie Gehirnjogging oder so." Vergebens.

Die „Brainweek" in Neumarkt hatte einen guten Start, wie die *Neumarkter Nachrichten* unter der Dachzeile „Frühstück bringt Gehirn auf Trab" vom Vortag berichten. Als erste Referentin konnte die örtliche AOK-Tante gewonnen werden, einen Vortrag mit anschließender Verzehrmöglichkeit zu halten – um, wie es heißt, mit dem „Vorurteil" aufzuräumen, „daß ein gesundes Frühstück nicht schmecke". Mit Erfolg: Das Bild zeigt die vorurteilslos vor sich hin spachtelnden Veranstalter („ohne Essen keine Gehirnfunktion"), deren Hirne gut sichtbarlich nicht bloß im Trab, sondern bereits im gestreckten Galopp unterwegs sind. Und zwar querfeldein, über Stock und Stein.

Das Bürgerhaus ist eine adrette kleine Bausünde im sklerotischen Herzen der Neumarkter Altstadt. Zum ersten Vortrag an diesem verlängerten Wochenende des Gehirns spricht ein jovialer Franke, H. E. Bürger, nach dem das Bürgerhaus benannt ist. Bürger ist „Denk-dich-fit"-Trainer, kommt aus Roth und ist es auch im Gesicht. Der passionierte Bürgerschreck ist echter Hirnfan, eine formidable Schläfenlappenpersönlichkeit. Mit im Gepäck hat er Zucker für ausgebrannte Neuronen: Arbeitsblätter mit sinnlosen Buchstaben- und Zahlenkombinationen. Dem von dieser Vorstellung sichtlich überrumpelten Publikum vermittelt er das Hirn als „höchst aktives Körperorgan", welches allerdings mit „klugen Lebensmitteln" gefüttert sein will, sonst bockt es. Und auch trinken muß es, „jede Stunde einen Viertelliter", am besten „vor dem Durst", oder eben über den.

Schon geht es ans Eingemachte. Das Auswendiglernen von Zeichenfolgen und Kopfrechenübungen versteht Bürger als „Anschubfinanzierung" für den Kopf und erklärt das Prinzip: „Es sind sinnlose Zahlen, die aneinandergereiht sind." Stolz weist er auf eine begabte Hirnakrobatin hin („Christiane Stenger, mehrfache Jugendweltmeisterin im Gehirn"), empfiehlt Computerspiele wie „Dr. Hiroshimas Nintendo" und „Boggle" – eine Empfehlung, die das Publikum zu Recht aufwühlt („Ist das nicht Scrabble?" – „Lettramix heißt das ursprünglich!"). Die Teilnehmer arbeiten ansonsten aber tüchtig mit; die Aufgabe, die Silbe „ch" in einem Gedicht abzuzählen, bringt viele konstruktive Vorschläge („15!" „9!" „7!"), bevor man sich auf einen Kompromiß einigt. Bürger ist kein Freund strenger Methodik, Fragen aus dem Publikum kann er leicht zerstreuen („Soll man sich das merken, oder soll man sich die Zeichen vorstellen, bildlich?" – „Machen Sie einfach, was Ihnen Spaß macht!").

Doch es stimmt! Irgendwelche Buchstabengruppen in einem beliebigen Text zu erkennen, schult die Fähigkeit, irgendwelche Buchstabengruppen in einem beliebigen Text zu erkennen. Gänzlich unerwarteten Erfolg zeigt die Übung zum Thema „Merkspanne" – Zahlen auf einem Blatt sind kurz anzusehen und dann auswendig vorzutragen. Die Übung gelingt, da keiner der Zuhörer das Blatt abgedeckt, vielmehr direkt vorgelesen hat. Bürger ist ekstatisch und empfiehlt, das Buchstabenspiel auch bei der täglichen Zeitungslektüre zu wiederholen („Hauptsache, wir tun überhaupt irgendwas!"). Ganz zum Ende zündet Bürger noch rasch eine echte Neuronenbombe: eine Aktualisierung des alten Spruchs zum Merken der Planeten („Mein Vater Erklärt Mir Jeden Sonntag Unseren Nachthimmel"). Dies mache die Abwertung Plutos erforderlich. Die Zuhörerschaft ist außer sich („Ja, da schau her!" – „Ach, der Pluto ist weg'kumma?" – „Ja, super." – „Gibt's koan' Nachfolger?" – „Und wer ist der H?").

Gott sei Dank gibt es Möglichkeiten, die erhitzten Hirne gleich nach Vortragsende abzukühlen – etwa beim „Handpuppenworkshop für Kinder", einer zünftigen Blutzuckerbestimmung, einem Sehtest bei „Bauer's Brillenstudio" oder beim „Intuitiven Bogenschießen" auf dem Vorhof des Bürgerhauses. Letzteres macht so viel Spaß, daß man die anderen Veranstaltungen –

trotz frisch trainierten Gedächtnisses! – praktisch sofort vergessen will (und sowieso kann); kritische Anmerkungen zur Zen-Philosophie der Bogenlehrer, wie sie von einer schon reichlich angejahrten Meisterschützin kommen, verhallen ungehört („Man soll an nichts denken? Und das am Welttag des Gehirns!"). Aber das journalistische Ethos gebietet es, auch die übrigen Veranstaltungen zu besuchen.

So wie etwa den Vortrag „Legasthenie als Talentsignal": Mit erfrischender Ehrlichkeit offenbart sich der Vortragende Knobloch gleich zu Anfang selbst als Legastheniker und damit als Talent, berichtet von seinen Versuchen, anderen Legasthenikern Mtu zu machen. Schwarzweißfotos zeigen entrückt in die Kamera blinzelnde Kinder, vor denen kleine Häufchen einer weißen Substanz liegen, indes daneben Buchstaben und Figürchen aufgereiht sind. Der psychedelische Effekt steigert sich immer dann, wenn Knobloch die Leinwand berührt und das Bild wie im Drogenrausch zu wabern beginnt. Legastheniker sind keine dummen Menschen, heißt es, sie haben nur eine „niedrige Verwirrungsschwelle". Verwirrung ist das Schlüsselwort dieser Vorlesung: „Verwirrung verursacht bei Legasthenikern Desorientierung", und ohnehin sei Konzentration „ein belasteter Begriff". Die sanfte, hypnotische Stimme Knoblochs und ein unbelastet vor sich hin brabbelndes Baby im Saal wirken selbst verwirrend: Das Publikum träumt, schaukelt sanft auf einer Woge der Legasthenie, versinkt in einem Reich desorientierter Schönheit. Folien zeigen eine Art Wirbelsturm aus Worten wie „Angst", „Frustration" und „Zwang", die um einen besorgt dreinblickenden Kindskopf kreiseln (Knobloch: „die Verwirrung nimmt zu"). Nur die ständigen Zwischenfragen zweier besorgter Mütter („Der Bua liest ned! Er liest ned, überhaupt ned!", „Meine Tochter hat überhaupt keine Bilderkennung!") stören das hirnlose Glück. Eine andere Mutter berichtet von einer Tochter, die partout nicht aufräumen kann, alles liege immer herum. Knobloch kann sie beruhigen: Die Tochter sei eben eine „visuelle", keine „serielle" Begabung – und halt nicht das schlampige Stück, das sie ist.

Viel Verwirrung wäre noch auszuräumen. Aber wir müssen weiter, nach Frankfurt, denn auch dort hat man „Hirn" als wichtiges Thema entdeckt.

FRANKFURT

Wolf Singer ist der berühmteste Hirnforscher Deutschlands. Bekannt wurde er durch seine Leugnung des freien Willens vor einigen Jahren: Alles, was wir für selbständige Entscheidungen halten, finde in Wahrheit im Hirn statt. Damals wurde Singer von Philosophen und Geisteswissenschaftlern ziemlich zerzaust. Nachzusehen, ob sich der große Mann inzwischen davon erholt habe, war Ziel des Besuchs von Singers Vortrag „Wer regiert im Gehirn?", wie auch der kostenlose Imbiß, den die Plakate verhießen.

Die Debatte um den freien Willen hat Spuren hinterlassen. Die zahlreichen Schau- und Hirnlustigen, die Singers Vortrag am Frankfurter Uniklinikum besuchen, wirken roboterhaft, wie von einer äußeren Macht bewegt. „Wir wollen zu Singer", sagt beispielsweise ein älteres Pärchen zu einem Zivi in Pflegerkluft, der am Eingang patrouilliert, „wir können nicht anders", will man ergänzen. Bzw. will man nicht, man muß. Nämlich in den „schönen neuen Hörsaal", wie die Dame ergänzt, wo Singer bereits unverwandt von einer Powerpoint-Präsentation herunterlinst, dem „Großen Bruder" aus Orwells 1984 seltsam unähnlich. Der neue Hörsaal füllt sich geschwind rappelvoll.

Versüßt wird die Wartezeit auf Singer durch einen Flyer der Veranstalter; eine Eloge auf die eigenen gewaltigen Leistungen: So sei es etwa gelungen, eine bestimmte Spezies von Würmern komplett fernzusteuern, mit Impulsen von blauem Licht. Paranoia beschleicht den Leser – denn auch die Leinwand, vor die Singer gleich treten wird, erstrahlt nach einem Systemfehler im Licht des Bluescreen. Sind wir nicht Würmer in den Händen dieser ruchlosen Neurochirurgen? Prof. Zimmermann, Chef der „Europäischen Allianz für das Gehirn", weist bereits in seinem Eingangsvortrag subtil darauf hin: „Wir alle werden im Laufe unseres Lebens Opfer einer Gehirnerkrankung werden." Das Publikum raunt, fühlt sich ertappt. „Gehirnleistungsstörungen kosten 386 Milliarden jährlich", rechnet Zimmermann vor und blickt grimmig ins Auditorium. Allein die Anwesenden dürften 77 % dieser ungeheuren Summe verursachen, scheint sein Blick zu sagen, und seine Skalpellhand zuckt nervös.

Wolf Singer hebt mit dem Größten überhaupt an, den Grenzen der Erkenntnis. Unsere Weltsicht ist begrenzt, eklektisch, unser Handeln unzulänglich. Das blecherne Klingeln von Vivaldis „Frühling" aus einem Mobiltelefon unterstreicht das Pathos dieser Sätze. Schuld hat, man ahnte es schon, das Gehirn. Zu klein, vor allem aber zu alt ist es: Evolutionär hat es seit der Steinzeit keine Fortschritte gemacht. Dann der Paukenschlag: Auch unser Denken wird vom Gehirn bestimmt! Die Regeln logischen Schließens, die Gewichtung von Argumenten – all das passiert nur in unserem Kopf. „Das ist ein Diskurs, den man mit der Philosophie natürlich führen kann", sagt er mit einem spitzbübischen Lächeln, auch im Publikum keckert es. Ja, die Philosophen! Sie hatten ihm, Singer, seinerzeit den Kopf gewaschen bzw. er ihnen das Gehirn, je nach Sichtweise.

Singer zeigt Folien mit optischen Täuschungen: Tische, die gleich lang scheinen und es doch nicht sind, Felder, die grau erscheinen und es sind. Optische Täuschungen – woher kommt das nur? Die Antwort überrascht: vom Gehirn! Und nicht etwa aus der Hose. Man könne sich zwar im Bewußtsein den Aufbau dieser Illusion erklären, fährt Singer fort, „entscheidend ist, daß es Ihnen nichts *nutzt,* den Unterschied zu kennen", sagt's und deckt mit copperfieldschem Schwung die Lösung zu einer weiteren Täuschung auf. Ein anerkennendes Brummen geht durchs hirnwütige Publikum, Applaus will kurz aufbranden. Doch Singer will weiter, hinab in die Untiefen zwischenmenschlichen Verhaltens, in die Regionen der Empathie: „Also Fälle wie: Ich weiß, was du willst; ich weiß, was du fühlst", sagt er romantisch während eines spontanen Mikrofonausfalls, und der junge Techniker, der in diesem Moment auf Kniehöhe hinter seinem Pult verschwindet, lädt diese Worte noch mit knisternder Erotik auf.

„Ganz hochentwickelte Gehirne sind sehr autistische Gehirne", sagt Singer dann leise. Sind es auch einsame Gehirne? Sanfte Trauer schwingt jetzt in seiner Stimme mit. Wolf Singer, erwiesenermaßen eines der höchstentwickelten Gehirne des Landes, wenn nicht des Globus! Sollte er am Ende – einsam sein? Ein Riesenhirn im Tank, gefangen in einem unzulänglichen Singer-Körper, im Sing-Sing des eigenen

Bewußtseins? Über allen Gipfeln herrscht grausige Ruh'. Selbst die anwesende wissenschaftliche *peer group* vermag Singer kaum zu folgen: „Wer will die Daten sehen? *(Stille.)* Keiner?" Um sein Meisterstück gebracht, greint Singer; ein Laokoon, von stummer Qual umstrickt: „Die Leiden dieses Mannes, sie scheinen unbeschreiblich, unaussprechlich, unausdrücklich." (Hölderlin). Die zahlreichen Fragen aus dem Publikum, die nach seinem Vortrag auf ihn einströmen, zaubern ihm nur ein verquältes Lächeln ins Antlitz und ausweichende Antworten auf die Zunge („Wenn ich in Trance auf der Autobahn fahre – was passiert da mit dem Gehirn?" fragt eine Dame, die hoffentlich bald aus dem Straßenverkehr gezogen wird). Schließlich ist ein Student an der Reihe, der Salz in alte Wunden streut: „Ist das Gehirn deterministisch? Gibt es keine Freiheit?" Nein, sagt Singer hart. Wenn wir Entscheidungen zu treffen glauben, gewinnt automatisch die, die sich im Gehirn durchsetzt, die spitzigsten neuroelektrischen Ellenbogen hat. Frei sind wir nicht.

Ist Singer einer der „Feinde der Freiheit", wie sie gerade im Visier der Sicherheitspolitiker sind? Viele Äußerungen legen das nahe. Sein Vorredner, Prof. Zimmermann, hatte eingangs bemerkt, daß Singer nicht zuletzt auch Berater des Heiligen Stuhls ist. Kann der Vatikan im Falle einer eventuellen Verhaftung Asyl gewähren, kann sich Singer unterm Rocksaum des

Papstes vor den Fängen unerbittlicher Freiheitsfanatiker verstecken? Fragen, denen sich der einsame Singer nur entziehen kann, indem er noch einmal Kind wird. Ganz am Ende einer endlosen Reihe von Fragestellern kommt ein junger Mann auf ihn zu, in dessen Augen lustig der blanke Wahnsinn blitzt. „Kennen Sie das Streichholzschnickenspiel?" fragt er Singer, und baut es sogleich auf, als dieser verneint. Man müsse versuchen, neunmal mit Anlauf und ausgestrecktem Arm eine in einiger Entfernung aufgestellte Streichholzschachtel bewußt zu verfehlen, erklärt der Taugenichts. Und das Tolle: Wenn man beim zehnten Mal versucht, sie dennoch zu treffen („Und jetzt schnick's ein!"), gelingt es nicht. Schon geht es los, der junge Mann läuft stur seine Runden mit ausgestrecktem Arm. Singer sieht dem Treiben vergnügt zu, überwältigt von der schieren Narrheit, diesem Schauspiel eines gänzlich unfreien Hirns außer Rand und Band.

Soll das schon alles sein? Zynisches Gelächter über unsere eigene Unmündigkeit, über das alberne Kleinkind Mensch, stets im Zaume gehalten vom Gängelband der Neuronen? Hat das Gehirn denn überhaupt eine Zukunft, einen Sinn? Vielleicht weiß man in Nürnberg Rat, denn dort soll über genau dieses Thema gesprochen werden.

Nürnbergs Hirnkenner sind gespalten in zwei Lager. Da ist einerseits der Humanistische Verband, ein Bündnis von Freidenkern und Konfessionslosen. Er hat sein militärisches Hauptquartier in der Stadtmauer aufgeschlagen, genauer gesagt im „Turm der Sinne" (fränk.: „Durm der Sinne"), einem Erlebnismuseum. Nichts damit zu tun hat das „Erfahrungsfeld zur Entfaltung der Sinne", das von den Anthroposophen bestellt wird („den Anthropodoofen", Zitat Claudia vom „Turm der Sinne"). Die Anthroposophen bieten den üblichen Eso-Hokuspokus an, während die Turmgesellschaft versucht, der Bevölkerung wissenschaftliche Erkenntnisse über das Gehirn zugänglich zu machen. Ein Ziel, in welchem sie einen mächtigen Verbündeten hat: VAAS.

VAAS ist eine galaktische Superintelligenz aus einem Paralleluniversum, dem sogenannten Kronzucker-Kosmos. Da Superintelligenzen nur im Hyperraum existieren können, hat VAAS einen „Anker" in unser Standarduniversum entsandt, um mit uns Kontakt aufzunehmen. Zur Zeit heißt diese Ankermanifestation Rüdiger, ist Mitte Vierzig, Perry-Rhodan-Fan, Redakteur bei *Bild der Wissenschaft* und Beirat der religionskritischen Giordano-Bruno-Stiftung. VAAS kann Teile seines Hyperraumbewußtseins ins Standarduniversum entsenden; diese „Bücher" genannten

Objekte aus Psi-Materie sind für interstellare Völker wie uns dann versteh- und auch kaufbar. VAAS nutzt die *Brainweek,* um sein neuestes Buch vorzustellen („Schöne neue Neuro-Welt", 19,80 Euro), wir nutzen sie hingegen, um einen Interviewtermin mit VAAS wahrzunehmen.

Den Ankündigungen des Turms entsprechend wird sich VAAS an diesem Dienstagabend im Nürnberger Buchhaus Campe materialisieren, und zwar zwischen den Bereichen „Reise", „Lebensberatung" und „Liebe und Partnerschaft". Gespannt ruckeln die Besucher mit den Stühlen. Die Stimmung ist etwas zerebraler als in Neumarkt, die Nürnberger Hirn-Aficionados nur unwesentlich urälter. Ein Erlebnis für alle türmenden Sinne ist ein stark überpflegter Senior mit schulterlangem Grauhaar, der sich spaßeshalber wie der Rosenkavalier angezogen und ca. 12 Flaschen Kölnisch Wasser aufgetragen hat. Er soll im Laufe des Abends noch auffallen.

VAAS interessiert sich für „die Zukunft unseres Gehirns", will unsere Intelligenz auf ein galaktisches Niveau heben. „Ihr Gehirn wird sich während meines Vortrags verändern", heißt es schon einigermaßen bedrohlich, Nietzsches „Also sprach Zarathustra" wird zitiert. Dennoch brauchen wir „noch nicht in Angst erstarren", denn unter Führung von VAAS kann die

Evolution der Gehirne sanft und schmerzfrei gelingen. Doch auch ein Scheitern der Erdgehirne in VAAS' kosmischer Prüfung ist nicht schlimm, denn „wenn sich herausstellt, daß überhaupt niemand zurechnungsfähig ist, kann man ihn nicht bestrafen." Die Tests, denen uns VAAS repräsentativ für die ganze Menschheit unterwirft, sind vor allem moralischer Natur: In einem Beispiel droht ein Zug fünf auf dem Gleis werkelnde Arbeiter zu überfahren; durch ein Weichenstellen könnte man ihn allerdings auf ein Gleis umlenken, auf dem nur einer sitzt. „Wer von Ihnen würde so etwas tun?" Ein stattlicher Teil der Anwesenden hätte nicht die geringsten Schwierigkeiten, fünf Selbstmörder zu retten; eine überlegen dreinblickende Matrone würde sogar einen dicken Mann auf die Schienen schubsen, wenn der Zug dadurch zum Halten gebracht werden könnte.

Der parfümierte Silberrücken wird nervös, als VAAS das Thema „Religion und Gehirn" anreißt. Fragen wie: „Haben wir im Gehirn eine Hotline zum Himmel – oder gibt es dort ein Gottesmodul, das bei Atheisten nicht richtig funktioniert?" lassen ihn zucken, die Zuspitzung: „Kommt nach dem I-Pod der I-God?" läßt ihn empört „Giordano-Bruno-Stiftung!" murmeln und mental schon mal am Scheiterhaufen zündeln. Als es an die Publikumsfragen geht, reißt es ihn aus seinem Sitz: „Vielen Dank für Ihren Vortrag und Ihre atheistischen Studien", sagt er mit gespielter Vernichtung, „aber Sie haben in ihrem Vortrag kein einziges Mal die Wirklichkeit erwähnt. Man weiß ja viel über Wissenschaftler, auch über Frankenstein. Was ist für Sie die Wirklichkeit?" Daß die Aufwertung der Terraner-Gehirne so mühsam werden konnte, verdutzt VAAS; doch kann er nicht verhindern, daß der Atheismuskritiker zu einem Kurzreferat zum Thema Hirn und Politik ansetzt: „Lübke z.b. war ja krank, aber man hat ihn nicht aus dem Verkehr gezogen. Das totale Rauchverbot. Hunde und Raucher vor die Tür." Eine andere, nicht minder phantastische Großmutter will wissen, ob man die Hirnforschung nicht auch dazu nutzen kann, „die Geisteswissenschaftler zu präzisen Formulierungen zu bringen. Denn das ist schon ein Elend. Man kann mit großem Fleiß neurowissenschaftliche Werke verstehen. Aber die Geisteswissenschaften sind in keiner Weise bemüht, hier ihre Deutung zu haben. Das muß anders werden. Wie kann man sich denn sonst verständigen?" VAAS zögert, die neurochirurgische Umerziehung von Geisteswissenschaftlern hält er offenkundig für schlecht durchsetzbar.

Im persönlichen Gespräch verlangen wir von VAAS eine nähere Erklärung seiner Pläne. Ein Brain-Interface, eine neurale Schnittstelle ins Internet ist laut VAAS noch völlig illusorisch, die höheren kognitiven Funktionen bleiben vorerst technisch unangetastet.

Und was ist mit Singer? Die Sache mit der Willensfreiheit wurmt uns noch! VAAS lächelt verschmitzt: Sollte man nicht viel eher aufpassen vor denen, die im Namen der Freiheit alles Mögliche versprechen? Die uns glauben machen, wir seien völlig ungebunden in unseren Entscheidungen, und uns dadurch um so mehr manipulieren? Mit in bisher ungeahnten Dimensionen aktivierten Hirnen verlassen wir Nürnberg.

SCHLUSS

Im „Städtetest Hirn" nun die Gesamtwertung. Frankfurt: insgesamt enttäuschend, aber kostenlose Snacks und schöne Infrastruktur; Neumarkt im oberen Mittelfeld (die beiden Alleinstellungsmerkmale Bogenschießen und Seniorenverarsche reißen einiges raus), Nürnberg sehr gut, mit besonderen Qualifikationen in den Kategorien Zukunft und Atheismus.

Fazit: Wenn Sie sich mal was Gutes tun wollen, fahren Sie doch nach Nürnberg. Und bringen Sie ruhig auch die Hirne mit! Daß die mal rauskommen.

Arbeit und Freizeit gehen nicht ineinander über,
sie haben vielmehr ihre Funktionen getauscht.
Bei der Arbeit wollen wir entspannen, einfach
nur eine gute Zeit haben; im Urlaub rasen wir
durch die Museen, hetzen durch die Szenelokale,
schneiden aufwendige Reisevideos, suchen
Selbstverwirklichung und spirituelle Erweckung.
Und wer weiß? Vielleicht erscheint uns ja bei
einer Beachparty endlich Jesus – und spendiert
uns einen Drink.

eat – drink – sleep

Ein Mann läßt alles hinter sich – und fährt einfach ein ganzes Wochenende in eine andere Stadt

Spirituelle Reisen fangen oft mit einem großen Zu-sammenbruch an. Schon die achte Nacht in Folge kniete ich auf dem Boden meines Badezimmers und schluchzte. *Ich will nicht mehr verheiratet sein, ich will nicht mehr verheiratet sein,* immer wieder wim-merte ich diesen Satz. Grund dazu hatte ich eigentlich keinen. Alle Rechnungen waren bezahlt, die Gesundheit war tipptopp, und demnächst sollte sogar ein Hund angeschafft werden oder wenigstens ein Festplattenrecorder. Trotzdem lag ich nun Nacht für Nacht vor der Toilettenschüssel und weinte: *Ich will nicht mehr verheiratet sein.* In der ganzen Geschichte meiner Ehe war ich noch nie so verzweifelt gewesen. Dabei war ich streng genommen gar nicht verheiratet, nicht einmal in einer Beziehung. Aber gibt es nicht ein abstraktes Gefühl des Verheiratetseins? Das Gefühl vollkommener Hörigkeit? Die Frustration, sich jeden Tag die Zähne putzen, den Hausmeister grüßen, den PC ausschalten zu müssen, und das Tag für Tag, ein Leben lang? *Kann das nicht jemand anderes für mich erledigen,* fragte ich das Universum. Hinzu kam mein ständig näherrückender dreißigster Geburtstag, und zu meiner stattlichen Sammlung neurotischer Ängste trat jetzt noch die biologische dazu – nämlich die, auf einmal schwanger zu sein, oder immerhin plötzlich ein Kind zu haben. Ja! Ein Kind aus dem Nichts! Ein Kind, das meinetwegen aus einer vergangenen, Jahre zurückliegenden und längst vergessenen Liebschaft stammte und nun plötzlich mit Rabäääh in mein Leben plumpsen und es von oben bis unten zuscheißen würde.

Nun betete ich also winselnd zu einem fernen Gott, und wußte gar nicht recht warum. Denn im Grunde ging es mir, wie gesagt, prima. Ich war konsumstarkes Mitglied einer permissiven Industrienation, hatte einen guten Beruf und war durch bescheidenen Wohlstand und ein unfaßbar bequemes Leben in beneidenswertem Ausmaß verblödet. Nach Feierabend experimentierte ich mit Schmerzmitteln, und die Wochenenden widmete ich einer ständig wachsenden Sammlung technischer Geräte sowie deren Interaktion, Synchronisation und Updaterei – geborgen in der schauerlichen Sicherheit, daß es nur mehr eine Frage der Zeit sein konnte, bis wir alle von der technologischen Singularität aufgesaugt würden, die die Zukunftsforscher uns prophezeien, und wenn man schon die Ankunft der großen Maschine vorbereiten muß, das war meine Überzeugung, dann kann man es auch mit Spaß an der Sache tun.

Mir ging es jedenfalls gut. Aber, so fragte ich Gott: Könnte es mir nicht noch sehr viel besser gehen? Indem ich beispielsweise eine riesige Summe nähme und sie einfach in einer anderen Stadt auf den Kopf haute, in einer Art hyperintensivem Urlaubsexperiment? Da antwortete mir eine Stimme, eine warme, weiche, weise Stimme. Es war die Stimme meiner Nachbarin, die durch die pappendünne Wand meines Badezimmers gurrte. Sie plapperte für irgendeinen Boyfriend ins Skype hinein, sie säuselte „ja", „mh-hm" und dieses urbane „ouuh-kei", jenen Urlaut skeptischer Affirmation, der so typisch war für meine Generation. Dies nun wollte ich, weil es ja gleich war, ausnahmsweise für die Stimme Gottes nehmen: *Ouuuh-kei, ich bin, der ich bin, simsalabim! Mach deine Wahnsinnsreise, Bub!* Die Idee dazu war ja durchaus nicht die meine. Einerseits war da der enorme Erfolg, den Elizabeth Gilbert, Roger Willemsen und all die anderen mit ihrer chronischen Reiseschreiberei hatten. Andererseits hatte ich neulich Ulrike Ottingers Film „Bildnis einer Trinkerin" gesehen, das Porträt einer Frau, die in die Großstadt fährt, um sich dort um den Verstand zu trinken, und die Vorstellung der Selbstvernichtung durch Konsum war für mich, der ich mittlerweile die Augen eines Frischkäses, Quatsch, Flüchtlings hatte, fast tröstlich gewesen.

Ich war noch nie in eine andere Stadt gereist. Das war natürlich gelogen, aber diese Lüge sprach sich so selbstverständlich, verlieh dem ganzen Projekt auch so etwas Rauschhaft-Wahnsinniges, daß ich gleich viel beschwingter zum Bahnhof hoppelte; bekanntlich ist die Lebenslüge das stimulierende Prinzip. Einen Rucksack voller Unterwäsche, eine *Bild-Zeitung* unterm Arm und im Kopf nichts als Flausen: nur das Nötigste sollte mich auf meiner geistigen Suche begleiten. Die Wartezeit auf den Zug verbrachte ich im Pizzahut, eine Cheesycrust lässig mit einem Bier hinabspülend und dabei herzensinnigst an den Jesusmenschen denkend. Der ideale Auftakt für mein spirituelles Verwöhnwochenende! Die aufrichtige

Wahrheitsfindung konnte losgehen, und ich äugte um mich, eine dieser herrlichen kleinen Alltagsbeobachtungen zu machen, aus der ich dann ein amüsantes Geschichtlein mit Tiefgang drechseln konnte. Aber es wollte einfach nichts werden! Die um mich herumstehenden Larven und Lemuren machten keine Anstalten, irgendeine possierliche Prolo-Bemerkung von sich zu geben, mich lebenserfahrungsmäßig voranzubringen und meinen Lesern einen kleinen Schmunzelanlaß zu bieten. Die Stimmung war so was von tot. Vielleicht hatte ich das falsche Frühstück zu mir genommen? „Kellogg's Müslix – Für jede Stimmung das passende Müsli!" war auf der Packung gestanden, und ratlos war ich schon deswegen gewesen, weil keine der angebotenen Varianten „Harmonie", „vital" und „aktiv" auch nur annähernd mein Gefühlsleben widerzuspiegeln, gar zu augmentieren imstande war. „Kellogg's Uuuäääh", das wäre schon eher was gewesen!

Erleuchtungssüchtig griff ich nach der Zeitung. Auf der Titelseite stand in feisten Lettern: „Echt menschlich! Hier verteilen die Guttenbergs Blowjobs an Obdachlose". Ein kleines Bild zeigte den damaligen Verteidigungsminister, wie er im Rahmen eines Straßenfestes einem uralten Fusselmann strahlend die Hand schüttelte, das weitaus größere jedoch, wie er, die lachenden Augen stets zur Kamera gerichtet, dem Unterschichtler eine Lippenwohltat erwies. Und wieder einmal fand ich mich in der Ansicht bestätigt, daß es viel beruhigender war, mit aufgeschlagener Zeitung und geschlossenen Augen die ganzen Propagandalügen einfach zu imaginieren, als sich dem rasenden Mahlstrom der Wirklichkeit auszusetzen.

Eine Ansicht, in der mich die liebe kleine Dame, die sich im ICE an meiner Seite fand, sicher bestätigt hätte. Angestrengt versuchte sie, durch den Dunstschleier ihrer Dummheit hindurchzublinzeln, während sie beflissen das Zellophan von einem Käsebrocken krümelte. *Ich will nicht mehr verheiratet sein,* flüsterte ich ihr ins faltige Öhrchen, und sie nickte mir zu, wohl auch mit Rücksicht auf ihren Gatten, einen pfannkuchenhaften Senior, der sich auf der anderen Tischseite „langgestreckt", sich also auf dem Doppelsitz zusammengekrampft hatte, um dort im Anschein tiefen Schlummers, jedoch mit höchst gespitzten Ohren auszuharren. Wie ja überhaupt praktisch niemand, der im ICE die Augen geschlossen hat, wirklich schläft! Es ist in Wirklichkeit eine paranoide Lauerstellung, mit potentiellen Ruhestörern als Beute: Wie herrlich, beim kleinsten Anlaß die Augen aufzuschlagen, sich vorwurfsvoll umzusehen, empört zu seufzen oder sogar ein belehrendes Gespräch mit dem Störenfried anzufangen. Ich murmelte ein Dankesgebet an Gott, weil er mir diese Begegnung hatte zuteil werden lassen, aß eine Curry im Bordbistro und sprang wenig später aus dem ICE, hinein in die fremde Stadt, und

mein Wochenende der Selbsterforschung konnte losgehen.

...

Ja nun. Das hatte ich mir natürlich schon etwas
prickelnder vorgestellt. Zwar hatte ich das gesamte
Haushaltsgeld aufgebracht, mir die Nieren wundge-
trunken und schließlich fast meinen Zug nach Hause
verpaßt, weil die Freunde nach dem gemeinsamen
Frühstück unbedingt noch auf einen Sprung in den
„Garten der Entschleunigung" wollten, nur ganz kurz,
das sei so schön da, und so hatte ich dort, inmitten
einer Rastafari-Truppe auf meinem Samsonite hok-
kend, nervös den Sekundenzeiger fixiert. Die ganz
große Erleuchtung – wo war sie? Jedenfalls nicht in
der Stadt. Vielleicht auf Ibiza? Auf Barbados? Und so
sollte das zweite Kapitel meiner Odyssee beginnen.
Aber das ist eine andere Geschichte und soll auf keinen Fall erzählt werden.

Die Generation Gefällt mir lebt in ständiger Suchtgefahr. Stets lockt eine andere Realität, uns aufzusaugen und zu absorbieren, bis sich schließlich das ganze Leben nur mehr dort abspielt. In Amerika und Asien wird diese Sucht bereits wie eine ganz normale Krankheit behandelt.

Die Flucht in eine andere Welt

Die Veränderung an Glabrus Seele begann schleichend. Zuerst fehlte er immer nur stundenweise. Wenn sich seine Freunde in der Kneipe von Orgrimmar trafen, um bei einem Humpen Met die Geschehnisse des Tages Revue passieren zu lassen und vielleicht einem feschen Trollmädel hinterherzupfeifen, mußte Glabru angeblich seinem Beruf als Waffenschmied nachgehen. Doch dann war er oft ganze Tage verschwunden. Spurlos. Nach und nach begann er, sich ganz aus Azeroth zurückzuziehen. Kaum war ein anstrengender Raubzug auf dem eisigen Kontinent Nordend beendet, ging es ihm bald nur noch darum, sich möglichst schnell in jene andere Welt einzuloggen. Dort blieb er dann, bis die Sonne schon nicht mehr am Himmel stand. Seine Gilde hörte in dieser ganzen Zeit kein Wort von ihm, die neuen Probleme in den Feuerlanden mußten ohne ihn gelöst werden. „Er hat seine Zeit mit den Leuten da auf der anderen Seite verbracht", schnaubt sein Gildenmeister Tefnachte heute, wenn er sich an diese Zeit erinnert. „Die waren seine Freunde und seine Gilde."

Zeigte sich Glabru doch mal auf dem Schlachtfeld, wirkte er fahrig und unkonzentriert, wie ein ganz gewöhnlicher Schildknappe. Er verwendete die falschen Waffen und konnte die Aufmerksamkeit des Gegners nicht von den Fernkämpfern ablenken. Auch seinen Pflichten als Waffenschmied kam er nur mehr unzureichend nach. Schließlich hatte er immer weniger Geld für Reparaturen, seine Ausrüstung verkam. „Früher hatte er oft Stunden im Auktionshaus verbracht, das stete Wachsen und Sinken der Preise für Wollstoff, Jade oder alchemistische Rezepte beobachtet; im richtigen Moment zugeschlagen", weiß Tefnachte, der auf diese Weise so manches Schnäppchen für seine Gilde machen konnte. Nun aber mußte man sich schämen, mit dieser heruntergekommenen Gestalt nur gesehen zu werden.

Glabru jedoch war das egal. Glabru hatte eine andere Welt entdeckt. Eine Welt, in die ihm seine Freunde, aber auch seine Gegner nicht folgen konnten. Eine Welt, in der die Herausforderungen unserer Zeit, die

Belagerung Grim'Batols und die Verwüstungen durch den schwarzen Drachen Todesschwinge keine Rolle mehr spielten. Eine Welt, deren Regeln nur Eingeweihte verstanden. Eine Welt, die er als die Wirklichkeit empfand. „Real Life", das „echte Leben".

Immer mehr junge Orks wie Glabru ziehen sich aus dem Alltag auf Azeroth zurück. Die Freundschaften, die sie schließen, werden vernachlässigt; die zarten Liebschaften, die sie vielleicht in den Auen von Ellwyn oder auf einem Spaziergang durch den Immersangwald geschlossen haben, verkümmern. Wo sie einst jeden Tag ihre Fertigkeiten im Schwertkampf oder in den magischen Künsten verfeinerten, bis kein Gegner mehr gegen sie bestehen konnte, sitzen sie nun ganze Tage und Wochen in kleinen, lichtlosen Kämmerlein und schieben Zahlenkolonnen hin und her; beobachten, wie eine Fieberkurve über einen Bildschirm flackert, oder kritzeln winzige Runen ohne jegliche mystische Wirkung auf bleiches Pergament. Sie verwirren ihre Freunde mit Phantasiebegriffen wie „Termingeschäft", „Derivate", „Hedge Fonds". Sie erzählen von „Beförderungen" und „Bausparverträgen", mit denen sie sich verbessern können – eine Art Belohnungssystem, mit denen die Schöpfer jener fremden Welt leicht beeinflußbare Orks wie Glabru bei der Stange halten.

Glabrus Gilde jedoch glaubt nicht, daß sich sein Leben durch „Real Life" verbessert. Jedenfalls bemerken sie davon nichts. Sie merken nur, daß Glabru einsam und traurig wird, daß man mit ihm keine Bootsauflüge in den Canyons von Tausend Nadeln oder ein tollkühnes Scharmützel gegen die Wildhammerzwerge des Hinterlands wagen kann. Wenn sie ihn überhaupt noch zu Gesicht bekommen, berichtet er, daß er in jener anderen Welt „Freunde" gefunden, sogar eine „Beziehung" begonnen habe. Wenn sie Glabru um Details bitten, ist stummes Entsetzen die einzige Reaktion auf seine Ausführungen. Die sogenannten „Freunde" sind weitgehend farblose Gestalten, die der gleichen stupiden Tätigkeit nachgehen wie er, die ein „Büro" zusammen mit ihm bewohnen oder seiner „Projektgruppe" zugeordnet wurden. Künstliche Figuren, mit denen er oft nicht mehr als ein paar Tastaturkürzel und ein, zwei Gesichtsausdrücke wechselt und höchstens über neue Besitztümer, Geld oder Fußball spricht. Und was, so fragen sich seine Gildenkameraden, ist eine Liebe wert, mit der man nicht die Pestländer durchstreifen kann, um die Überreste der untoten Geißel vom Antlitz Azeroths zu tilgen?

Doch Glabrus Leben gehört nun einer Welt, in der der Kampf für das Gute keine Rolle spielt; einer Welt, in der Gewalt, Kälte und Verachtung an der Tagesordnung sind. Mit 15 Jahren hatte er begonnen, sich mit diesem Planeten namens „Real Life" zu beschäftigen – eine sterbende Welt, die von ihren Gestaltern als apokalyptische Schreckensvision entworfen wurde, voller Giftstoffe, von monströsen humanoiden

Kreaturen bewohnt. Seine Kampflehrer in Klingental lachten über den törichten Jungork, der den Erzählungen von einem anderen Planeten nachhing. Doch Glabru war davon fasziniert, und er suchte neue Herausforderungen. Diese Welt, in der Waffen verboten sind und Konflikte durch nervenzerfetzende Gerichtsverfahren oder psychische Grausamkeit gelöst werden müssen, übte auf den Krieger, den seine Mitstreiter heute als eher mittelmäßigen Schwertkämpfer in Erinnerung haben, einen seltsamen Reiz aus. Auf Azeroth triumphieren Solidarität und Zusammenarbeit – Leute wie Glabru jedoch, die schlecht kommunizieren und keine Umgangsformen haben, klassische Noobs also, haben das Nachsehen. Wen wundert es da, daß sich diese jungen Leute von einer Welt angezogen fühlen, in der Egoismus belohnt und Freundlichkeit bestraft wird?

„Real Life" wurde von seinen Schöpfern extrem wirklichkeitsnah gestaltet. Wie auf Azeroth gibt es hier einige wenige, lebenswichtige Ressourcen, um die erbittert gestritten wird. Es ist eine harte, grausame Welt, in der eine monströse Übervölkerung und unvorstellbare Umweltkatastrophen große Teile des Planeten unbewohnbar gemacht haben. Verschiedene Gruppierungen kämpfen permanent um ihre Vormachtstellung. Stirbt jemand, weint man ihm keine Träne nach, denn schon rückt eine neue Spielfigur nach und nimmt seinen Platz ein. Man kann Berufe ergreifen, bescheidenen Besitz erwerben, sich als Soldat oder Handwerker verdingen. Doch schon zu Beginn des Spiels herrscht ein gnadenloser Konkurrenzdruck: Wer während der Anfangslevel nicht aufpaßt, wird sozial ausgegrenzt, sogar angegriffen; muß sich mit anderen „Losern" verbünden. Der Zugang zu den spielentscheidenden Ressourcen wird jedoch für immer eingeschränkt bleiben – bis das Spiel endet. Für immer.

Mittlerweile hat „Real Life" sieben Milliarden Spieler. Die meisten von ihnen können als unheilbar krank bezeichnet werden – dies zumindest ist die Ansicht der Tauren-Schamanin Wakahé aus Donnerfels. „Von Sucht spricht man, wenn die Seele vom Dämon eines unstillbaren Verlangens heimgesucht wird", sagt die prominente Geistheilerin, die in Silbermond Seminare für Teufelsaustreibung und Aromatherapie anbietet. „Der Verlust der Fähigkeit, die Zeit im ‚Real Life' einzugrenzen, wie auch Nervosität und Unruhe beim Entzug künden davon, daß die Ahnengeister einem Süchtigen ihren Schutz entzogen haben." Sogenannte Toleranzphänomene zeigen sich in späteren Phasen: Der Kranke muß den Konsum stetig steigern, um die Wirkung zu erhalten. Es reicht ihm nicht mehr, nur einen Charakter im „Real Life" zu versorgen; er legt sich gleich eine ganze Gruppe von Figuren zu, eine sogenannte „Familie", die noch mehr Zeit beansprucht und ihn noch stärker der Wirklichkeit entfremdet.

Es sind vor allem soziale Außenseiter ohne besondere kreative oder strategische Fähigkeiten, die sich Azeroth ab- und dem „Real Life" zuwenden. Für Apothekermeister Jhor von der Universität Unterstadt sind es in der Regel Personen mit einer unreif-gehemmten Persönlichkeitsstruktur. Während ihre Freunde großartige Gedichte über den Nervenkitzel der Schlacht verfassen, Dschungel und Wüsten erforschen, ihre zahlreichen Amouren pflegen oder als brillante Taktiker im Kampf gegen die Allianz reüssieren, fühlen sich diese Problemorks von den Aufgaben, die ihnen das Leben in Azeroth stellt, überfordert. Das „Real Life" ist für solch phantasielose, wenig dynamische Persönlichkeiten eine ideale Ablenkung – man braucht kein Talent, um dort Erfolg haben zu können. „Wer genügend Zeit investiert, kann schnell die Karriereleiter nach oben steigen", meint Meister Jhor. Die künstliche Welt, in der die „Reals" leben, läßt sich kaum verändern. Dafür sind die Aufgaben klar und logisch. Wer gehorcht und die stupiden, sinnlosen Arbeiten ausführt, die das „Real Life" bereithält, etwa im Akkord technische Geräte zusammenschraubt oder in Callcentern Handyverträge verkauft, bekommt genug Nahrung und Geld, um sich einen weiteren Tag durchzuschlagen.

Schließlich kommt noch ein brutaler Gruppenzwang hinzu, so wie bei Glabru. Die „Vereine", „Parteien" oder „Nationen", zu denen sich die Bewohner von

„Real Life" zusammenschließen, zwangen ihn schließlich, mindestens acht Stunden täglich in dieser kalten, lebensfeindlichen Welt zu verbringen. Wenn es darum geht, schwierige Aufgaben zu lösen, etwa Waffen an eine andere „Nation" zu verkaufen oder ein Mitglied einer anderen „Partei" zu erpressen, müssen sich alle Mitglieder solch einer Gruppe treffen. Diese Verbände von ein paar Dutzend bis hin zu mehreren Hunderttausend Spielern verheißen einen raschen Aufstieg – sie werden aber gebremst, wenn sich einzelne Teilnehmer verweigern. Wenn Glabru bei solchen Ereignissen fehlt oder abweichende Meinungen vertritt, riskiert er, von den Anführern ausgeschlossen, mit Geld- oder Haftstrafen belegt zu werden. Das kann schließlich auch dazu führen, daß es ihm unmöglich wird, überhaupt jemals wieder nach Azeroth zurückzukehren. Glabru, der heute auf einer Farm im Brachland als Schweinezüchter und einfacher Peon lebt, analysiert seine Situation klar: „In ‚Real Life' war ich wer. Dort gab es Stufen, die man erreichen konnte. Abteilungsleiter, Filialleiter, immer weiter. Mit jeder Stufe stieg das Ansehen. Innerhalb von vierzehn Monaten war ich Geschäftsführer einer McFit-Filiale in Offenbach, hatte zwei Kinder gespawned. Ich wurde geachtet, ich wurde gemocht. Genau das, was ich immer wollte. In Azeroth haben mich immer alle heruntergemacht, wenn ich im Geschmolzenen Kern versehentlich ein Rudel Lavabestien auf unsere Gruppe aufmerksam gemacht hatte und wir nur knapp mit dem Leben davongekommen waren. Im ‚Real Life' war ich jemand. Und das schönste: Meine Fehlentscheidungen hatten keinerlei Auswirkung!"

Das ist vielleicht die tückischste Eigenschaft von „Real Life": Nie geht es um Leben und Tod, die meisten Probleme lassen sich mit etwas Geld und Zeit aus der Welt schaffen. Wer als Führer einer „Nation" oder eines „Unternehmens" scheitert, darf es jederzeit noch mal versuchen; persönlich wird er dafür nicht zur Rechenschaft gezogen. Sollte eine Figur ausfallen, wird sie sofort durch eine gleichrangig qualifizierte ersetzt. Niemand ist unersetzlich, niemand wird gebraucht. Nie bedroht eine geheimnisvolle Insektenspezies den Frieden eines ganzen Kontinents; nie versucht ein verrückter Oger, durch schwarze Magie die Apokalypse herbeizuführen. „Das Leben in ‚Real Life' ist beherrschbar, übersichtlich und letztlich konsequenzlos", führt Apotheker Jhor weiter aus. „Ein plötzlicher Angriff von Windelementaren auf eine Großstadt ist ausgeschlossen; Regen, Schnee oder ein Schnupfen sind noch die größten Sorgen der Bewohner." Daß schwächliche Kämpfer, Feiglinge und potentielle Deserteure sich in dieser Welt willkommen fühlen, ist für ihn keine Überraschung.

Glabru konnte gerettet werden. Mit Hilfe seiner Gilde hat er sich den Weg zurück nach Azeroth erkämpft: „Wichtig war, daß mir alle viel Liebe und Verständnis entgegengebracht haben." Und zwar, indem sie Glabrus scheinbare Schwäche als Stärke behandelten. Die Gilde hat Glabrus pedantische, bürokratische Charakterstruktur erkannt, akzeptiert und in ihr künftiges Handeln eingebunden. Voll Stolz erzählt er heute: „Ich mache jetzt Notizen, wer im Kampf gegen die Heerscharen der Älteren Götter die meisten Feinde zur Strecke bringt oder wer die höchsten Kosten für Gildenreparaturen verursacht." Glabru kümmert sich darum, daß die Magier immer genügend Reagenzien zur Verfügung haben, organisiert die Schichten der Nachtwache und poliert die Klauen der Reitraptoren. „Es ist eine idiotische Arbeit, aber sie scheint ihm Freude zu machen", lacht Gildenmeister Tefnachte. Glabru muß nicht kommunizieren, höflich sein oder komplizierte mathematische Berechnungen über die Schadenswirkung von Feuerzaubern anstellen. Das will er aber auch gar nicht. Ihm genügt es vollkommen, in der zweiten Reihe zu stehen, Befehle zu befolgen und austauschbar zu sein. Wenn es mehr Gilden gelänge, Noob-Orks wie Glabru einzubinden, statt sie mit unlösbaren Aufgaben zu demütigen, so folgert Tefnachte, dann könnten Spiele wie „Real Life" gar nicht erst ihre verhängnisvolle Suchtwirkung entfalten. Dann, und erst dann, wäre die „World of Warcraft" wirklich eine Welt, in der sich alle gleichermaßen willkommen und zu Hause fühlen können.

Wir wissen, daß die Medien uns täuschen wollen, und Paranoia ist unser allgegenwärtiger Begleiter. Unsere Fake-Sensoren sind aufgestellt, wann immer wir ein technisches Gerät einschalten. Selbst in den kleinsten Fragmenten der Werbung sehen wir machtvolle ideologische Formationen, die unseren kleinen Geist bedrängen und versklaven wollen.

FIRMENSONGS

Ein neues musikalisches Genre erobert die Welt: Professionell komponierte kleine Musikstücke, in Auftrag gegeben meist von mittelständischen Unternehmen, die sie auf ihren Webseiten zum kostenfreien Herunterladen anbieten, stellen eine legale Alternative zum mittlerweile streng verfolgten illegalen MP3-Download dar. Doch Vorsicht: Hinter diesen sogenannten Firmensongs steckt mehr als bloßes Vermarktungsinteresse! Einzelne Liedtextstellen scheinen einen dunklen Hintersinn zu suggerieren, der sich den

Lesern der einschlägigen Studien Dan Browns, Robert A. Wilsons und Robert Sheas allerdings sofort erschließt: Hier sind uralte mächtige Verschwörungen am Werk, mit dem Ziel, das Bewußtsein der Menschheit ein für allemal zu beherrschen!

Die Westaflex-Verschwörung macht es dem Illuminati-Jäger zunächst leicht. Der Rekrutierungssong beginnt mit unverständlichem Morsecode, dann setzen grelle Synthesizer-Klänge ein. „WESTAFLEX! Verbiiiiiindungen, die sich auszaaaaahlen!" lobt der Refrain die Vorteile der Mitgliedschaft und verspricht triumphal: „Wir schaffen Lebensräume, wohoho!" In der postapokalyptischen Westaflex-Gesellschaft, hermetisch von der atomar zerstörten Umwelt abgeschlossen, ist für alles gesorgt: „Die kontrollierte Wohnungslüftung / verbindet gute Luft und Wärme. (…) Gesundes Trinkwasser zum Leben, stets tragen wir dazu bei, / mit Carbonitfiltern bleibt es schadstofffrei", während der Rest der Menschheit verstrahlten Dreck trinken muß.

Der altehrwürdigen Tradition der Freimaurerei folgt dagegen die gleichfalls nach Weltherrschaft strebende Kabale von Praktikhaus: „Stellen Sie sich vor, er hatte einen Traum, / wenn er ihn erzählt, glaubt man es kaum. / Er war sein eigener Bauherr / Und baute sein eigenes Heim! / Ganz ehrlich, er baute es fast ganz allein!" Der Traum vom „Großen Bauwerk", welchen dubiose „Bauherren" träumen – es ist fast zu offensichtlich! Zunächst muß der Initiand eingeweiht werden: „Mit dem richtigen Partner an meiner Seite war ich stets / einen Schritt voraus / Über dreißig (lies: dreitausend!) Jahre hatte er Erfahrung / und nannte sich Praktikhaus." Einmal in den äonenalten Geheimbund integriert, folgt eine systematische konspirative Ausbildung, bis der höchste Erleuchtungsgrad, eben der des „Bauherrn", erreicht wird: „Als eigener Bauherr ging ich zum Seminar / Und bekam / die Schulung / aus ersteeer Queeelle / auch / die Materialien / waren pünktlich auf der Baustelle. / *(ein wenig gehetzt)* Fachliche Unterstützung mit Praktikhaus ganz klar / vom Architekten bis zum Zimmermann / alle waren für mich da." Ist er Teil des mystischen Kollektivs geworden, ist auch die Unterwerfung der Menschheit nicht mehr weit: *„(bedrohlich)* Mit Stolz und Freude / folgte der Rest / dank Praktikhaus feiern wir bald / das Große Richtfest *(sic! sic!)*", Köpfe werden rollen, die Gassen rot gefärbt sein – mit harmloser Freimaurerei hat dies nichts mehr zu tun. Im Bund mit den Getreuen von Windmann-Glas wird nach dem „Großen Richtfest" auf den Trümmern der alten eine neue Welt entstehen: eine „Welt aus Glas", durchdrungen von den Prinzipien der Transparenz und absoluter Kontrolle. Beißendes Retropopgedudel, esoterisches Glockenspielgeklingel und die in die Register des höheren Fanatismus hochgepitchte Stimme der Sängerin verbergen nur schwach den Polizeistaat: „Glas heißt Transparenz / schenkt uns Durchblick, jederzeit; / nur aus Glas kann ein Spiegel sein / und ein Spiegel ist Ehrlichkeit." Mit erzwungener Ehrlichkeit für die Massen und Durchblick für die noble Führungsclique (vgl. Vorstand Windmann-Glas!) werden die Tugenden der neuen Weltordnung eingepeitscht: „Hart wie ein Diamant / wie Wasser so klar", wie Kruppstahl so zäh: „eine Welt aus Glas / ist eine Welt mit Vision." Mit einer schrecklichen Vision.

Eine noch schrecklichere Strategie verfolgt das konspirative Kartell von Air Berlin und DHL: die Verschmelzung von Mensch und Maschine. Kybernetische Chimären sind schließlich viel pflegeleichter als der zur Revolte neigende *homo sapiens;* es ist daher nur konsequent, daß Air Berlin den ersten mit Flugzeugbenzin betriebenen Cyborg mit kaum verhohlener Genugtuung preist: „Flugzeuge im Bauch, / im Blut Kerosin, / kein Sturm hält sie auf, / uns're Air Berlin!" heißt es in dem hinreißenden Song, den der Billigflieger ins Netz gestellt hat: Wie ein Sturm werden die Air-Berlin-Cyborgs durch die Lande fegen, alles verwüstend auf ihrem Schreckensweg!

Von DHL wird die geplante Verschmelzung von Mensch und Maschine als ekstatisches, ja erotisches Erweckungserlebnis glorifiziert – die Ballade feiert das sexuelle Verhältnis eines Mannes zu seiner elektronischen Postannahmestelle: „Jemand hat mir ein Postpaket geschickt / Ich hol' es ab, an meiner Packstation. / Hab von ihr grad 'ne SMS gekriegt. / ,Paket ist da! Gruß: Deine Packstation.' / Kann's kaum erwarten, daß ich sie wiederseh'." Sex mit Packstationen bedarf keiner Liebe und keiner Beziehung, denn die nächste ist immer in Reichweite und willig, wie der Refrain verheißt: „Denn zum Glück gibt's die Packstation / und die nächste ist auch gar nicht weit. / Ja zum Glück gibt es die Packstation / Und sie hat immer für mich Zeit." Die letzten Strophen lassen an Eindeutigkeit nichts zu wünschen übrig: „Die Packstation spart mir 'ne Menge Zeit. / Sie gibt mir Freiheit / und ich liebe sie dafür. / (...) Hab ich Pakete für die Packstation, träum' ich von ihr schon in der Nacht davor, / egal, wann ich auch kann, sie wartet schon, / so frei war ich noch niemals je zuvooooooor!"

Unergründlich sind die Kräfte von Kunst und Kapital, und erschreckend ihre immer neuen Weisen, sich den Kosmos untertan zu machen. Wo aber beide am unversöhnlichsten sich kabbeln, da schmieden sie, halb unbewußt, halb aus boshafter Berechnung, jene stählerne Legierung, die Superquatsch genannt wird. Man hüte sich vor den dunklen Ränken, die sie spinnen – denn sie spinnen. Mitten unter uns.

Familie, Gott und Vaterland

Politische Philosophie

Die Familie ist nur ein Facebook-Beziehungsstatus unter vielen. Verwandtschaft, laut Thomas Bernhard „ein Irrtum", erinnert uns an unsere eklige Körperlichkeit, an die irrationalen Kräfte des Bluts und der Gene, die sich noch nicht nach Belieben editieren lassen. Besonders gruselt es uns, wenn Blutsbande und politische Macht zusammengehen. Mit angenehmem Grauen sehen wir Familiendokumentationen wie „Borgia", „Die Tudors" und „Lindenstraße".

MEHR DYNASTIE WAR NIE

Wie die großen Familien das Wirtschaftsleben steuern

Noch nie wurde soviel vererbt: Vermögen, Firmen, Gene. Besonders aber Familienunternehmen. Schon immer haben große Familien die Geschicke der Menschheit und die Phantasie der Sachbuchautoren bestimmt. Die Thyssens, die Flicks, die Quandts, die

Krupps, die Zwicks, die Wicks, die Medinaits, die Aldis und die Ochsenknechts – die Geschichte dieser Familien ist untrennbar mit ihrem Namen und der Unzahl an Sachbüchern verbunden, die ihre intimsten Geheimnisse aufwühlen. Denn was keiner weiß, ist längst weltbekannt: Neben ihrer Einmischung in die Tagespolitik und ihren dubiosen Geschäften in der Nazizeit haben die Ahnherren der großen deutschen Wirtschaftsdynastien auch eine dunkle Seite. Eine private.

So war Gustav **Krupp** nicht nur der freundliche Hitlermäzen und galante Kriegsgewinnler, als den man ihn heute so schätzt. Privat war er ganz anders: kalt, unnahbar. Das gemeinsame Mittagessen der Krupps war beherrscht von einer eisigen Atmosphäre. Krupp tat nichts, um sie zu verbessern, verschlimmerte alles noch durch grobe Kommentare („Hier herrscht ja eine Stimmung wie bei Görings unterm Sofa!"). Seine Kinder mußten ihn mit „Sir, ja, Sir" anreden, seine Frau Bertha mit „mein kruppstahlharter Kommandant". Gegessen wurde, was auf den Tisch kam: Rotkohl mit Eisenspänen und Schlackensoße. Zu mehr reichte angeblich das Geld nicht. Eine Lüge, das war allen klar; selbst die hauseigenen Zwangsarbeiter aßen reichhaltiger. Die Kinder litten am meisten darunter bzw. das gegnerische Ausland. Der älteste Sohn, Alfried Krupp, mußte Konversationskärtchen schreiben, wenn er mit seinem Vater reden wollte („Sir Krupp, wie geht es Ihnen heute?"; „Dad, darf ich heute abend den Panzer haben, Sir?") – und wurde dennoch nicht ernstgenommen, regelmäßig als „Pseudokrupp" verhöhnt. Jeden Abend machte Krupp seiner Familie eine Szene, befahl seiner Frau, die Bohlen und Halbach zu wienern, ging in eine nahegelegene Wehrwirtschaft, um sich bis zur Prozeßunfähigkeit zu betrinken. Um seine Familie weiter zu nerven, bekam er gegen Ende seines Lebens aus purem Trotz nahezu täglich einen Schlaganfall. Bei seinem Tod stand allen die Erleichterung ins Gesicht geschrieben. Die Hitlerzeit war schon eine sehr schwere Zeit für die Krupps!

Bei den Quandts war es nicht viel anders. Denn Günther **Quandt** war nicht nur glühender Nationalsozialist, sondern auch ein schlechter Mensch. Statt sich um seine Familie zu kümmern, brauste er nur mit seinem Kraft-durch-Freude-Wagen durch die Gegend, war nie zu Hause, widmete sein ganzes Geld obskuren wissenschaftlichen Projekten wie der „Wunderwaffe" V2 oder der Quandtentheorie. Kein Wunder, daß Frau Magda später den sympathischeren und liebevolleren Joseph Goebbels heiratete; kein Wunder, daß seine Söhne Herbert, Harald und Hellraiser Quandt völlig vereinsamten. Vor Kummer wird Herbert kurzsichtig, Harald ein Playboy. Nach dem Krieg bleibt den Quandt-Nachkommen nichts, nur ein riesiges Milliardenvermögen – aber keine Liebe. Zu allem Übel versetzte die Währungsreform 1948 der Abschlußbilanz einen kleinen Dämpfer, in diesem Jahr reicht es nur für zwei neue Segelboote. Die Tragik ist die Tragik einer ganzen Generation, die alles aus dem Nichts wieder aufbauen bzw. einfach so weitermachen mußte wie bisher.

Der Verbraucher hingegen ahnt nicht, welche Geschichten hinter den ihm so wohlvertrauten, scheinbar harmlosen Namen stecken. **Dr. Oetker** stellt er sich als einen freundlichen älteren Herren mit Kittelschürze und graumeliertem Backenbart vor, der paternalistisch schmunzelnd hinter seiner Theke steht und kleinen Kindern einen ziemlich symbolischen roten Lolli überreicht. Dabei war Dr. Siegfried Sathanael Oetker, wie er mit bürgerlichem Namen hieß, nicht nur der harmlose Nazilieferant, als den man ihn heute kennt, sondern ein eiskalter Fertigteig-Despot, der seinen Kindern Vanillepulver in die Augen blies, um sie an die mörderischen Bedingungen in seinem Backstubengulag zu gewöhnen – dort durften sie bis zu sechzehn Stunden am Tag Muffin-Teig rühren. Bald regierten seine Töchter Adele Oetker-Torte und Irmgard Knusper-Müsli den Konzern mit jener Härte, die sie im Nahrungsmittellabor ihres Vaters kennenlernten. Ihre eigenen, bereits erwachsenen Kinder sitzen schon überall wie im gemachten Nest: Ein Oetker-Enkel ist Vorstand im Ausschuß für rote Grütze bei der Europäischen Union, ein weiterer arbeitet als Soßenbinder in der Kantine des Deutschen Bundestages. Wo immer in Deutschland ein Ei aufgeschlagen, ein Schokosplitter verstreut wird, hat der Oetker-Clan schon seine Fettfinger drin, will ein Stück abhaben vom großen Zupfkuchen oder wenigstens den Teig ausschlecken.

Von Herrn **Neckermann** wissen die Deutschen nur, daß er ständig auf Reisen ist; von Prinzessin **Frosta** lediglich, daß sie am Nordpol in einem Schloß aus gefrorener Paella lebt. Viele Dynastien werden vom Verbraucher schon gar nicht mehr erkannt, so z.B. der **Wagner**-Clan: Einst versorgte Meisterkomponist Richard Wagner die Deutschen mit prima Musik und prima Judenhaß. Auf dem Sterbebett übergab er den Job seinen Kindern Sieglinde, Siegmund und Schäferhund Wagner, zu treuen Händen. Doch bereits in der Enkelgeneration artet das harmlose Familienunternehmen aus: Wagner-Erbin Cosma Shiva Wagner heiratet den erfolgreichen Arbeitslosen Erwin Pizzafresser. Unter dem neuen Namen „Wagner-Pizza Knusperdünn" erscheint in den Kriegswirren der 68er Jahre die erste Rheingold-CD, die im Ofen richtig schön aufgeht, weil sie nicht vorgebacken ist. So spielt die neue, im Sauerland angesiedelte „Wagner Tiefkühlprodukte GmbH" mit der Geduld deutscher Musikfreunde, läßt die Pizza vom Fliegenden Holländer austragen und bestimmt auch in der Politik den Ton. Oder kann man es Zufall nennen, daß der Sauerländer Friedrich Merz (CDU) bei öffentlichen Anlässen stets einen Pizzahut auf dem Kopf zu tragen pflegte? Richard Wagner, der so bescheiden als größenwahnsinniger Musiker angefangen hatte, würde sich wahrscheinlich in der Posaune umdrehen, in der er begraben wurde.

„Ist die Familie in Ordnung, so kommt der Staat in Ordnung; ist der Staat in Ordnung, so kommt die Welt in Ordnung", heißt es bei dem chinesischen Weisen Lü Buwei. Vertraut man den Lehren der Geschichte, dann sind die großen deutschen Familien zwar nicht in Ordnung, aber okeh. Und was kann man mehr verlangen?

Unser Lieblingsphilosoph ist Wittgenstein. Sein „Tractatus" ist Musterbeispiel twittergerechten Philosophierens: Kein Satz länger als nötig, knackig wird die Welt erst auf den Punkt gebracht und dann in den Papierkorb verschoben. Und wovon man nicht sprechen kann, darüber läßt sich endlos schwatzen.

WITTGENSTEIN, WIE IHN KEINER KENNT

Typoskript aaa-765-5b Serie c
Blaue Wachsmalkreide auf Pergament
(Arbeitstitel „Philosophische Begrifflichkeiten")

183.72.k.III..1.12.25
Ist der Satz „Ich hebe meinen Arm" der Bedeutung fähig?
Ist der Satz „Ist der Satz der Bedeutung fähig" der Bedeutung fähig?

183.72.k.III..1.12.26

Ist es eventuell der Arm, der den Satz „Ich hebe meinen Arm" denkt? Was, wenn ich ihn wirklich hebe und dann erst den Satz denke? Hat der Arm den Satz an mich übergeben, damit ich ihn ausspreche? Kann eine Maschine denken? Können Schweine fliegen? Wie kommt es, daß diese Fragen sinnlos erscheinen? Liegt es an den Fragen oder am Frager?

183.72.k.III..1.12.26 Appendix

Es scheint nirgendwo ein Ausweg zu sein. Merke auf: Denke ich, daß kein Ausweg ist, ist das nicht schon ein Ausweg? Wie ist das, wenn man den vorhergehenden Satz leise und bei Kerzenschein mysteriös in sich hineinspricht?

Anhang zu 183.72.k.III..1.12.26 Appendix

Das Wort ‚Sein'. Im Gebrauch ist es die universelle Spielmünze. Diese Münze kann ich aber nicht ‚wechseln', mir beispielsweise kleinere Münzen dafür herausgeben lassen. Vielleicht bekomme ich aber etwas ‚Größeres', wenn ich mehrere Münzen gebe. Ich bekomme einen Schein.

183.72.k.III..1.12.27

Betrachten wir das fliegende Schwein. Denken wir uns seine Flügel fort – was bleibt dann von seinem Fliegendes-Schwein-Sein? Es wird scheint's Schwein-Sein geworden sein. Die Flügel sind ‚abgefallen'. Wie können wir dieses

Abfallen denken, ohne uns dabei in einer neuerlichen exquisiten Aporie wiederzufinden?

183.72.k.III..1.12.28

Das begriffliche Denken ist ein Denken des Untersuchens. Dadurch, daß ich dieses Untersuchen unterstreiche (untersuche), markiere ich einen Begriff. Ich ‚plustere‘ den Begriff ‚auf‘. Aber dieses Aufplustern des Begriffs ist ebenso rätselhaft wie alles Vorhergehende und Nachfolgende und muß uns zwingend zu einem neuerlichen Unterabschnitt leiten.

183.72.k.III..1.12.25

Wenn ich einen Schüler schlage: Kann ich sagen, mein Schlagen ist es, das den Begriff ‚Schlagen‘ ‚aufplustert‘? Oder ‚plustert‘ sich der Schüler auf und ich schlage ihn dann? Hier fällt uns vor allem der Aspektwechsel ins Auge. Aber ich bin es doch, der den Aspekt wechselt? Ich sage es nicht auf die Beobachtung meines Benehmens hin. Aber es hat nur Sinn, weil ich mich so benehme. – So hat es also nicht darum Sinn, weil ich es meine. Sondern ich meine, ich müßte mich so benehmen. Das Plustern, das Schlagen-Benehmen ist letztlich nichts als ein Traum unserer Sprache.

183.72.k.III..1.12.28

Ich habe beim Numerieren des letzten Abschnitts einen Fehler gemacht. Mein ‚Zählen‘ hat mich den Fehler bemerken lassen. Was geht da vor? Ich habe mich verzählt. Das Zählen haben wir als Kinder gelernt. Wir wollen jetzt aber wissen, was da zählt. Das Zählen zählen. Wie ist das, wenn man in seinem Inneren ‚eins, zwei, drei' sagt? Ist es dasselbe, wenn ich (laut) sage: „Eins, zwei, drei, Hefte auf, Lernzielkontrolle"?

183.72.k.III..1.12.28 Appendix

Wenn ich ‚Bertrand' sage, so meine ich eine Person. Es bricht kein Streit darüber aus, ob ich Bertrand ‚richtig' oder ‚falsch' benannt habe, wichtig ist die Tätigkeit des Namen-Nennens, mein Meinen-Benehmen. Ich ‚plustere' Bertrand auf und komme damit überein, weil er ‚Ludwig' aufplustert. Im wechselseitigen Nennen des Namens sind wir ‚wir' genannt. Doppelte Verplusterung. Die Spielsteine sind gesetzt, die Bank gibt, Bertrand hat Vorhand. Auf ‚los' geht's los. (Hat uns der letzte Satz nicht auf eigenartige Weise schon wieder ein neuerliches Geheimnis der Sprache offenbart?)

Wir wissen, daß wir beobachtet werden: Wir tun es ja selbst, die ganze Zeit. Jeder ist seines Nachbarn IM, nimmt sich das Recht und hat die Pflicht, das Fehlverhalten seiner besten Freunde mit Handyfilmchen für die Weltöffentlichkeit zu dokumentieren. Der Verfassungsschutz ist nur ein Follower unter vielen. Ein besonders penetranter zwar, doch haben wir gelernt, uns mit ihm zu arrangieren.

Schöner leben mit dem Verfassungsschutz

HÄUSLICHES LEBEN

Wenn Sie auch sonst keinen Besuch kriegen und Ihre Wohnung eigentlich keine Putzfrau, sondern einen Landschaftsgärtner nötig hätte – wenigstens für den Verfassungsschutz könnten Sie doch gelegentlich aufräumen! Äußerst gereizt reagieren die Beamten, wenn sie sich erst durch Ihre Wohnhalde kämpfen müssen und dann in stundenlanger Kleinarbeit elektronische und biologische Wanzen voneinander trennen müssen. Wenn Sie abends nach Hause kommen und Ihnen jemand die Worte „Putz mich, Extremisten-Sau!" in den Schmierfilm auf Ihrem Schreibtisch gezogen hat, wissen Sie, was zu tun ist: Wischen Sie fortan zweimal wöchentlich durch und stellen Sie ab und zu Blumen hin. So schaffen Sie gute Laune bei allen heimlichen und unheimlichen Besuchern. Aparte Zierobjekte wie Kerzen oder Strohhexen erlauben die diskrete Plazierung von Abhörtechnologie. Vermeiden Sie Langeweile bei Ihren Zuhörern, indem Sie gute Musik auflegen und belastende Selbstgespräche führen.

Wie allgemein bekannt, informiert sich der Verfassungsschutz vorwiegend aus der Presse. Erleichtern Sie ihm die Arbeit! Wenn Sie verfassungsfeindliche Gedanken hegen, sollten Sie sie aufschreiben und an eine der Behörde nahestehende Zeitung schikken. Tarnbetriebe des Verfassungsschutzes ohne echte publizistische Funktion sind die *Frankfurter Rundschau*, der *Vorwärts* sowie die *Hannoversche Allgemeine*. Beim Formulieren von verfassungsfeindlichen Leserbriefen vermeiden Sie bitte Nebensätze und komplizierte Fremdwörter („Gentrifizierung", „Petroglyph", „Trinitrotuluol") – Verfassungsschützer sind auch nur Menschen, und sehr einfach gestrickte obendrein. Für Dinge, die der Verfassungsschutz nicht mitkriegen soll, steht Ihnen jederzeit der rechtsfreie Raum Internet zur Verfügung.

SPRACHE

Die im Grundgesetz verankerte Meinungsfreiheit ist ein hohes Gut – doch wie alle Güter leidet auch sie unter übermäßiger Beanspruchung. Sätze wie „Die Widersprüche unseres Systems schreien zum Himmel" oder „Der Fisch stinkt vom Kopf her" klingen unangenehm schrill und strapazieren die Infrastruktur der Behörde unnötig. Wenn Sie unbedingt provozieren wollen, so tun Sie das auf unverfänglichen Themenfeldern („Die Texte von ‚Ich & Ich' sind sehr ausgereift und stimmig", „Die FDP kommt hoffentlich bald wieder auf die Beine"). Und: Vermeiden Sie im Alltag Äußerungen mit unmittelbarem Verfassungsbezug. Dazu zählen auch Erklärungen zum eigenen Befinden wie „Ich bin derzeit nicht in der Verfassung" – niemand darf sich außerhalb unserer Verfassung stellen, auch nicht für kurze Zeit!

TECHNIK

Im Gegensatz zu anderen Geheimdiensten verfügt der Verfassungsschutz nur über eingeschränkte Mittel – technische Spielereien wie Raketenrucksäcke, vergiftete Regenschirme und elektrische Badeschwämme sind längst dem ehernen Sparzwang zum Opfer gefallen. Dennoch schätzen es die Beamten, wenn Sie ihnen mit angemessener Ehrfurcht begegnen, und freuen sich über anerkennende Bemerkungen wie „Verdammt, dieser Fiat Bravo läßt sich einfach nicht abschütteln" und „Ich werde plötzlich so müde! Die müssen mir Alkohol in den Drink gemischt haben".

STASI

Um Joachim Gauck zu zitieren: „Die Stasi ist der schlimmste Krieg, der jemals auf deutschem Boden ausgetragen wurde." Deswegen verfolgt der Verfassungsschutz mit unnachgiebiger Härte all jene, die bei der Stasi waren, sich nicht ausreichend von der Stasi distanzieren oder deren Name so ähnlich klingt wie Stasi (Anastasia, Stasislaus, Steffi). Seien Sie besonders auf der Hut, wenn Sie aus dem Osten stammen und die Verstaatlichung von Banken und Finanzwirtschaft fordern – damit ist bisher nur die Kanzlerin durchgekommen. Helfen Sie lieber den Verfassungsschützern bei der Arbeit: Legen Sie umfangreiche Protokolle über Ihre Telefonate mit Freunden und Verwandten an und notieren Sie besonders Sätze wie „Mit Anders Breivik hätte die Stasi nicht lange gefackelt" oder „Immerhin hat die Stasi die Autobahnen überwacht". Gravierende Maßnahmen, gewiß – aber nur, wenn wir alle zusammenarbeiten, können wir verhindern, daß wieder ein entfesselter Geheimdienst die Menschen auf Schritt und Tritt kontrolliert.

ANGST

Der Verfassungsschutz versteht sich als eine ganz normale Behörde mit ganz normalen Möglichkeiten, Ihnen das Leben zur Hölle zu machen, so ähnlich wie das Finanz- oder das Kreiswehrersatzamt. Deswegen sollten Sie keine Angst zeigen, wenn Sie mit Agenten des Verfassungsschutzes konfrontiert werden – auch, wenn die bedrohlich riechen oder befremdlich aussehen (Schnauz!). Ähnlich wie Walschützer hassen es Verfassungsschützer, wenn sich ihre Schutzbefohlenen mehr vor ihnen fürchten als vor Walfängern respektive (politischen!) Rattenfängern. Geben Sie sich locker und unverkrampft, machen Sie auch mal einen Scherz („Praktisch, der Schnauz! Da ist die eine Gesichtshälfte schon mal getarnt"). Das gibt den Beamten das Gefühl, im rechtsstaatlichen Rahmen zu handeln, und vor allem: als Menschen wahrgenommen zu werden.

Eine ganze Gesellschaft von Managermönchen wäre unser Ideal. Wir kennen das Land, in dem dieser Traum schon heute Utopie ist: Tibet, der rätselhafte Enigmastaat im ewigen Eis! Ein Land, in dem geheimnisvolles Elend und zauberhafte Armut sich die Hand in den Mund geben; ein Land, in dem schon Vorschulkinder die Chance haben, von ihren Eltern an verdrehte Mönche verkauft zu werden; ein Land schließlich, das man sehr leicht mit Nepal verwechseln kann, besonders, wenn man eine westliche Nachrichtenagentur ist.

TIBET

Geschichte

Die Geschichte Tibets beginnt 1944, als der leidenschaftliche Bergsteiger und sympathische SS-Mann Heinrich Harrer (Brad Pitt) aus Versehen die spektakuläre Pyramidenstadt Lhasa (Industrial Light & Magic) entdeckt. In der atemberaubend schönen Bergwelt

(Neuseeland) muß Harrer zunächst mühsam lernen, von den Eingeborenen akzeptiert zu werden; dabei kommt es zu witzigen interkulturellen Differenzen, über die viel gelacht wird, die aber auch nachdenklich stimmen. Schnell wird Harrer auf den halbwüchsigen Mönch und Gottkönig Obi-Wan (Wesley Snipes) aufmerksam, einen lustigen kleinen Nichtsnutz, der von allen nur „Dalai Lahmarsch" (dt.: „Ozean der Faulheit") genannt wird und der sich für Klingelstreiche, Mitmenschlichkeit und Menschenrechte interessiert. Zusammen erleben sie viele Abenteuer (in Dolby Digital) und werden ABF (allerbeste Freunde).

Szenenwechsel, sechzig Jahre später. Harrer ist tot. Obi-Wan hat viel von seinem guten Aussehen verloren, muß zudem noch ins Exil (Uma Thurman) und eine doofe Hornbrille tragen. Seinen Ruhestand vertreibt sich der schon recht wunderliche Alte damit, Promis unaufgefordert einen Schal umzuhängen, Biographien zu autorisieren und die tibetische Exilregierung in Dharamsala zu verwalten. Ein Job, der ihn unterfordert, denn diese besteht nur aus einem Briefkasten und einem Anrufbeantworter („Wenn Sie Minister werden wollen, drücken Sie bitte die Rautentaste"). Gelegentlich ruft er noch halbherzig zu Menschenrechten, Mitmenschlichkeit und maßvoller Gewaltanwendung im Umgang mit den Chinesen auf – aber es ist einfach nicht mehr so wie früher. Manchmal denkt er noch an seine Jugendliebe Brad Pitt und die glücklichen Stunden, die sie zusammen hatten. In der letzten Einstellung sieht man, wie eine Träne an der runzligen Wange des Mönchs herunterrollt, dann Abspann & Credits. Das Lexikon des Internationalen Films spricht von einer „lieblos inszenierten Drittweltschmonzette ohne Charme".

Religion

Religion spielt für das Leben der meisten Tibeter keine besondere Rolle, der Alltag ähnelt dem unsrigen: Acht Stunden am Tag versucht man, nicht aufzufallen; am Abend schaut man dann die neueste Folge von „Desperate Housewives" (hier: „Verzweifelte Separatisten") oder trinkt in der Bar einen Flirtini auf Yakmilchbasis. Kichernde Teenager spielen auf Partys Gebetsmühlendrehen mit Zungenkuß oder Gongschlagen mit Gongschlägern. Man hofft, daß das Leben immer so weitergeht und besonders nach dem Tode. Denn gestört wird das atheistische Idyll von den 90 % Buddhisten, aus denen das Land besteht und die der Normalbevölkerung das Leben zur Hölle machen. Die meisten dieser Fundamentalisten hängen der sogenannten Tantrasex-Schule an, einem bluttriefenden Dämonenkult, wie er in den Drei Heiligen Büchern der Tibeter festgeschrieben ist: „Glücksregeln für

den Alltag" (vom Dalai Lama), „Das tibetische Heil-
buch" (von Lama Thomas Dunkenberger) sowie „Das
tibetische Geheimnis von Jugend und Vitalität" (von
Lama Laura Tuan). Zentrales Mysterium dieser Schrif-
ten sind die „Fünf Himmlischen Gefäße", die mit den
„Fünf Lotus-Flüssigkeiten" gefüllt werden müssen,
was regelmäßig zu einer riesigen Sauerei führt. Kein
Wunder, daß die Religion im eigenen Land so unbe-
liebt ist und ins Ausland exportiert werden muß – nach
Deutschland etwa, wo sich schon seit unvordenk-
lichen Zeiten die Muttis für den Zauber aus Fernost
begeistern. Denn Zivilisationsferne, Leibeigenschaft
und religiöser Wahnsinn sind Werte, die man auch in
Deutschland traditionell hochschätzt.

Sprache

Die tibetische Sprache besteht aus einer Reihe von
Lauten, die durch die Stimmbänder artikuliert und
aneinandergereiht werden. Durch ein System gramm-
atischer Regeln entstehen aus längeren Lautfolgen
Sätze, welche Informationen oder Gefühle zu anderen
Sprachnutzern in Hörweite übertragen, etwa vom
Berggipfel zum Basislager. Viele nutzen aber auch
WLAN.

Industrie

Das wichtigste Produkt Tibets ist die Gewalt – in all ihren Formen. Seit der erste Erste Dalai Lama Tibets, Dr. Fu Manchu, auf dem Gipfel des Mount Everest das berühmte Shaolin-Kloster errichtete, lauern hinter jeder Straßenecke Lhasas zu allem entschlossene Kung-Fu-Mönche, die ihre weißen Gewänder traditionell im Blut der Erschlagenen färben. Der Grund für diese Aggression ist klimatischer Natur: Das Ineinander von Steinzeitkultur und Sauerstoffmangel, von dünner Luft und dicker Luft macht die Tibeter besonders reizbar. Grundsätzlich hassen die Tibeter alle: die Chinesen, weil es zu viele von ihnen gibt; die Touristen, weil es zu wenige von ihnen gibt; und sich selbst, weil sich zu viele von ihnen immer so leicht aufregen.

Wirtschaft

Die Wirtschaft Tibets kann sich wahrlich sehen lassen: Bei den diskontierten Effekten beobachten Analysten wie Morden Stanley mehrere inkrementelle Schwellungen, auch die No-Futures stehen gut da, Heckler & Koch korrigiert. An der Börse erholte sich der Leidindex und stieg um 0,5 % oder 16 Indexpunkte auf einen Endstand von 3156 Zählern – Anleger im Hafen von Lhasa jubilierten. Wenn es der tibetischen Kuhhandelsbank im nächsten Quartal gelingen sollte, sämtliche Abbrucherlöse aus chinesischen Staatsterroranleihen in Abschlagszahlungen umzuwandeln, könnten die Akkreditive noch nicht amortisierter Einzeloptionen in akzessorische Sicherheiten umgewandelt werden – was das bedeutet, kann sich jeder denken! Und sogar der Rentenmarkt steht gut da, seitdem der Dalai Lama seine Nobelpreismilliarden in die Pensionskasse gesteckt hat.

Ausblick

Hervorragend; auf tibetischem Gebiet finden sich fünf der höchsten Berge der Welt, die dem Wanderlustigen einen exzellenten Panoramablick ins feindliche Umland gewähren. Insgesamt steht jedoch zu befürchten, daß die arroganten Tibeter weiter auf uns herabblicken werden.

Schreiben nach der Bildungskatastrophe

Noten zur Literatur

Literarisches Zentralgestirn der Generation Gefällt mir ist der Autor Daniel Kehlmann. Peter Handke, maßgeblicher Autor der Generation Stirnrunzeln, charakterisierte ihn einmal so: „Daniel Kehlmann ist überhaupt kein schöpferischer Mensch. Er sitzt am Computer und holt die Details zusammen." Eine Polemik, die nicht verfängt: Noch das kleinste von Kehlmann zusammengeholte Detail ist lehrreicher und unterhaltsamer als Handkes dröge Kolossalstilprosa. Was sich aber wirklich gegen Kehlmann sagen läßt: Er ist, wie die meisten seiner Generation, ein miserabler Autofahrer.

Die Verfahrung der Welt

Daniel Kehlmanns große Reise mit dem R4

Mählich tröpfelte der Abend über die Dächer von Berlin-Mitte, tröpfelte hinein in die Stadt, wie jenes frische Tannenzäpfle-Bier hineintröpfelte in die Kehle

Daniel Kehlmanns, des großen Literaten und vielfach preisgekrönten *homme de lettres,* von dort hinabzuperlen in seinen Schlund, Geist und Körper zur Labsal. Nach einem Tag voll kleiner Schreibereien, anregender Telefonate und gelegentlicher Kontrollbesuche seiner Amazon-Ranking-Seite war er erschöpft in seinen Eames-Chair gesunken, welcher inmitten seiner Wohnung am Schiffbauerdamm stund oder vielmehr stand; und der Tag wollte nun mit etwas Seriengucken abgeschlossen werden, mit einer zünftigen Fernsehserie von der DVD also. Oder sollte es nicht gar ein wenig gepflegtes Playstation-Gedaddel sein, was nun not tat und wohl tat? Nein, ein, zwei Folgen „Mad Men", das wäre doch etwas, das hatten ihm Freunde als Geheimtip empfohlen.

Da klingelte es an der Türe, rimbim. Potztausend! Es war sein alter Kumpel Nabokov, der ihm da die Pranke entgegenstreckte! Hatte der berühmte Schriftsteller doch tatsächlich den weiten Weg von Montreux auf sich genommen, um Kehlmann zum Namenstag zu gratulieren. Denn Nabokov, so wußte Kehlmann, entstammte jener christlichen Traditionslinie, welche den heidnischen Tag der roh-organischen mütterlichen Niederkunft für unendlich wertlos hielt gegenüber der sozial-diskursiven, ja praktisch adamitischen Benennung des Säuglings, seiner Eingliederung in die Gemeinschaft der Gläubigen, vulgo seiner Benamsung.

Heute also war St. Kehlmann, wie jedes Jahr am 19. März, und Kehlmann hätte es selber fast vergessen gehabt. Allein, Nabokov stand ja vor ihm und erinnerte ihn daran, indem er verschmitzt aus seinem Anzug hervorlugte und sagte und sprach: „Mensch, haste deinen Namenstag vergessen, Dani-Sahne!" Kehlmann war zu baff, geplättet fast, um etwas zu sagen, ihm fiel leider auch nichts Kluges ein, daher beließ er es bei einem „Puh, Vladi, du hier", um den irisierend-jovialen, gleichwohl irrlichternd-irritablen Lebemann und Schriftsteller in seiner Wohnung zu bewillkommnen.

Der jedoch machte keinerlei Anstalten, in das mit allerlei Sperrholzdreck eingerichtete Apartement zu spazieren. „Kommt nicht in Frage, Dani, wir machen jetzt erst mal eine Spritztour." Keck, schalkhaft, zugleich jedoch auch wieder schlangenhaft ließ Nabokov den Kopf nach hinten schnalzen, zeigte mit der Nase über seine in feinen Zwirn gehüllte Schulter, hinüber auf den Kehlmannparkplatz. Da blinkte und blitzte doch etwas, ein Auto, ein Brumm stand da. Ein Oldtimer war es, der da funkelte wie tausend Kleistpreise auf einmal. Potzfeurio! Es war der herausgeputzte rote R4 Nabokovs, heiß von der langen, hannibalmäßigen Fahrt übers Gebirge; und der Abendtau dampfte auf dem Gefährt wie Schweißperlen auf der Glatze des Schriftstellers Nabokov. „Du fährst", sagte Nabokov schelmisch – und drängte den verdutzten Kehlmann, der immer noch Jogginghose und Flauschpullover trug, hinein ins Vergnügen und also in den Fahrersitz.

Mit einem R4 war Kehlmann noch nie gefahren. Freilich wußte er von dem legendären Status des Gefährts, von den vielfachen geschichtlichen Beziehungen und diskursiv-sozialen Verweisstrukturen; und auf Nachfrage wäre er durchaus fähig gewesen, etwa in einer großen deutschen Tageszeitung allerlei Bedenkenswertes aus dem Schatzkästlein seines R4-Wissens preiszugeben, vorausgesetzt, man verschaffte ihm Zugang zu einem internetfähigen PC. Doch es war schon etwas anderes, in diesem herrlichen Gefährt zu sitzen, die Finger um den Schaltungsrevolver gleiten zu lassen, hinauszugucken ins weite Land, unendlich frei, gebremst nur durch die eigene Vorstellungskraft, die Straßenverkehrsordnung und die Bremsen.

Daniel Kehlmanns schöne Kehlmannhände schmiegten sich um das Lenkrad. Er schaltete, ließ kommen, gab Gas, setzte zurück, ließ es krachen, lenkte ein, überholte, rückkoppelte, daß die Erde bebte – alles in der falschen Reihenfolge. Nach kurzem Orgeln erstarb der Motor, und Kehlmann blickte schulbubenhaft und mit heißen Ohren hinüber zu Nabokov.

Um den feinen, sonst so lachenden Nabokovmund spielte nun ein grimmiger Zug, und man sah, daß dieser

Mann, der doch allen materiellen Sorgen enthoben war, durchaus eine Sorge kannte, daß nämlich Kehlmann in seiner jugendlichen Trotteligkeit den schönen R4 zuschanden reiten würde und daß die Namenstagsseligkeit im Streit und in lebenslanger Feindschaft zu enden geneigt war. „Wollen wir vielleicht doch rauf und eine Serie gucken? Kennst du schon ‚Mad Men'?" fragte Kehlmann Nabokov recht täppisch, und Nabokov, der plötzlich alt und traurig aussah, ließ kurz etwas Luft aus seinen perfekt gereinigten Zahnzwischenräumen entweichen, um dann zu sagen: „Ja, na ja."

Der R4 aber erwachte, kaum daß die beiden die Haustür hinter sich geschlossen hatten, zu einem eigenen geisterhaften Leben, nahm kurzerhand Reißaus, floh ins Ungewisse und suchte sich sein eigenes frankophiles Abenteuer. War es die Freude, die ihn antrieb, die Freude, frei und die beiden schrägen Käuze endlich losgeworden zu sein? Oder hatte Daniel Kehlmann nicht doch bloß vergessen, der jungen Automobilisten durchaus gewöhnungsbedürftigen R4-Handbremse die nötige Referenz oder letztlich doch Reverenz zu erweisen? Wir werden es wohl nie erfahren.

Lesen, so scheint es eine wahre Springflut von
Publikationen zu suggerieren, ist dieser Tage
ein ‚heißes Eisen‘: Lesen ist ‚hip‘, ist ‚cool‘,
bringt eine Menge ‚Fun‘ und sorgt für die im
postmodernen Vereinzelungszusammenhang so
wichtigen Cocooning-Effekte. Das Problem: Alle
wollen es zwar, keiner aber weiß so recht, wie
es geht. Parallelgesteuerte Syntagmatisierung
und Paradigmatisierung des literalen Inputs im
Neokortex, so flöten's uns die Psycholinguisten.
Aber was kann sich Sepp-Alois Analphabet aus
Lörrach im Dreiländereck darunter vorstellen?
Als die Firma Amazon es den Nutzern ihres
Buchportals gestattete, Bücher nicht nur zu
kaufen, sondern auch zu rezensieren, nahm es
Verf. auf sich, die süßen Lesefrüchte, die ihm
tagtäglich zufielen, zu sammeln und auf diese
Weise zu herrlicher Blüte zu führen: Rezensionen,
die Lust aufs Lesen und Gelesenwerden machen.
Diese Rezensionen wurden von Amazon ohne
Beanstandung angenommen, sind dort zum Teil
noch immer verfügbar und werden von vielen
Amazon-Nutzern als nützlich bewertet.

153

Meine schönsten
Amazon-Rezensionen

★★☆☆☆ **Hohe Ziele gesetzt, manche davon erreicht**, 27. August 2011

Rezension bezieht sich auf: Werner Kresse und Johannes Döring: So bucht man nach dem neuen Industriekontenrahmen. Eine Einführung für Schule und Praxis

Von unerklärlicher Wirkungslosigkeit blieb dieses Debüt, das der Taylorix Fachverlag Stuttgart schon 1972 liebevoll besorgte – daß dem Feuilleton eine solche Perle dreißig Jahre lang verborgen blieb, spricht Bände über unsere sittlich-moralische Verfaßtheit. Erklärend mag hier wirken, daß die beiden kongenialen Schöpfer es ihrem Leser wahrlich nicht leichtmachen. Der Handlungsrahmen wirkt überladen, die vielen Verweise auf Vorvergangenes und ungesagt Gebliebenes überanstrengen eine erste Lektüre. Held ist zweifellos Schmalenbach, ein Mann ohne Vornamen, dessen „deutscher Kontenrahmen" vor allzulanger Zeit großes Aufsehen erregte. Auf ihm fußt nunmehr der neue Kontenrahmen der Industrie (IKR), „wie er vom Betriebswirtschaftlichen Ausschuß des

Bundesverbandes der deutschen Industrie entwickelt wurde". Nur letzterer aber war es, der in „Theorie und Praxis großes Aufsehen" erregte. Schmalenbach (leise Assonanzen an Thomas Manns Aschenbach aus „Der Tod in Venedig" haben sich dem Literaturgourmet wie von selbst auf die feinfühligen Geschmacksknospen gelegt) steht im Zenit seines Schaffens, ja hat ihn bereits überschritten. Er zehrt von den Genieleistungen seiner Jugend; zu neuem sind allerdings nur die frechen Jungspunde vom BDI in der Lage. Sein revolutionärer Einfall, beim Aufbau des Kontensystems mit *den* Konten zu beginnen, in denen die Mittel für den Ablauf der betrieblichen Prozesse auszuweisen waren, „nämlich in Klasse 0 mit den Anlagekonten einschließlich der Konten für Eigen- und langfristiges Fremdkapital sowie in Klasse 1 mit den Konten des für die betrieblichen Prozesse notwendigen Finanzumlaufvermögens einschließlich den Konten für die kurzfristige Finanzierung", ist schon Schnee vom vorigen Jahr. Wir haben es mit dem Typus des alternden Bilderstürmers, des heruntergewirtschafteten Prometheus zu tun. Wir erinnern uns an Wagners Walküre: „Nur eins nur will ich, das Ende, das Ende."

Denn: „Die Ziele, die dem Gemeinschafts- kontenrahmen gesteckt wurden, konnten nicht vollständig erreicht werden." Kresse und Döring sind Meister einer subtilen Gesellschaftskritik, ohne sich jedoch zu infantiler sozialistischer Propaganda verleiten zu lassen. Eine Gesellschaft, die alte, aber leistungsstarke Männer wie Schmalenbach (gerade auch beim BDI!) im irren Jugendwahn in die Ecke drängt – das ist heute wie vor dreißig Jahren so aktuell wie eh und je. Um dem Leser die Spannung auf das noch Kommende nicht zu verderben, soll hier nicht zuviel verraten werden.

Nur dieses: Kresse und Döring liebäugeln mit dem klassischen Entwicklungsroman. Nach dem optimistischen „Aufbau der Geschäftsbuchführung" dann die Peripetie: die „Kosten- und Leistungsrechnung" steht an! Jugendlicher Überschwang, dann plötzlich Katerstimmung – klingt da nicht Johann Wolfgang Freiherr von Goethes „Die Leiden des jungen Werthers" an? Platt wirkt allerdings die resümierende Moralistik in „Buchungsbeispiele und Aufgaben" – als müßte sich das große Werk noch umständlich selbst deuten.

Damit wird die uralte Zentralfrage moderner Literaturdeutung „Was will uns der Autor damit sagen?" unangenehm verüberflüssigt, der Leser kommt sich bevormundet vor, erregt sich, schreibt hintersinnige Leserbriefe an die *FAZ* – untragbare Zustände. Hier müssen unsere jungen Debütanten noch einiges nachlegen.

★★☆☆☆ **Der ‚feine' Herr Heidegger und die Liebe zur Wahrheit**, 13. Oktober 2003

Rezension bezieht sich auf: Martin Heidegger: Vom Wesen der Wahrheit

„Vom Wesen der Wahrheit" kündet es uns vollmundig von dem in angenehmen Brauntönen gehaltenen Cover. Wahrheit, so denkt sich der in Dingen der Alethe nur unzureichend bewanderte Hermeneutiklaie, ist das nicht dieses *certain je-ne-sais-quoi,* mit dessen Glücksversprechen uns die Kulturindustrie ständig lockt und das sie uns zugleich versagt? Wie also soll das gehen, im spätbürgerlichen Verblendungszusammenhang, so etwas Ephemeres noch in der antiquierten Form des „Buches" einzufangen?
Die Frage bleibt unbeantwortet. Heideggers Buch liegt zum einen äußerst unangenehm in der Hand – die Schwere der Gedanken gravitiert aus der Sphäre der Metaphysik ins schlicht Daseiende. Man will es gar nicht aufmachen; versucht man es dennoch, schneidet man sich an den überraschend scharf coupierten Seiten des Produkts den Daumen. Bei Gott, das blutet ja! Schnell geht man in die Küche, holt die gute Roche-Wund-und-Heilsalbe sowie Verbandszeug aus dem Kühlschrank und pflegt zunächst einmal die Wunden, die der „saubere" Herr Heidegger gerissen hat. Danach hat man gleich noch weniger Lust, das Buch

aufzuschlagen. Mit feinen Gazéhandschuhen geschützt wagt man spätabends, nach dem Tanztee, einen zweiten Anlauf. Diesmal kommt es zu keinen größeren Verletzungen, jedoch: der atemberaubende Geruch des Bücherleims! Schnell dringt das tödliche Nervengas in die Blutbahn, erste Lähmungserscheinungen lassen die allzu wißbegierigen Hände um den Einband verkrampfen. In der Folge ist es unmöglich, das Buch zu schließen, noch mehr giftige Dämpfe treten aus – und lediglich ein beherztes Einschreiten der Zugehfrau kann Schlimmeres verhindern.

Dahinter steckt Methode – infame Methode. Deshalb nur zwei Sterne von fünf. Dann schon lieber den neuen Clancy!

★★★☆☆ **Peter Hahne – Messias oder Dämon**, 19. Mai 2003

Rezension bezieht sich auf: Peter Hahne: Leid. Warum läßt Gott das zu?

Leid. Jeder von uns kennt es. Manche begleitet es ein Leben lang: Fußpilz. Vaginalkrämpfe. Legitimationsprobleme im Spätkapitalismus. Ja, und sogar Peter Hahne selber sowie seine Fernsehsendungen können für uns ohne weiteres eine Quelle von „Leid" darstellen. Wie schön, wenn einer wie Herr Hahne trotzdem aufsteht, sich einen Kopf macht und kritisch hinterfragt: Leid, wozu? Why, warum und pourquoi? Als moderner Prometheus reckt er die Faust gegen einen leeren Himmel und schreit in Agonie, stellvertretend für die Menschheit: „Tststs, wie kannst Du nur." Dieses Buch kann eine Anregung sein. Ein Wegstein. Eine Waffe. Ein Rettungsanker. Ein kleines Briefmarkenschwämmchen. Oder was immer Sie sonst wollen. Hahne lehrt, gegen Leid in all seinen Formen vorzugehen. Leid, Leid, Leidl, müaßts lustig sein, lustig sein, so heißt es in einem alten bayerischen Volkslied. Und wer wollte da nicht mitschunkeln? Peter Hahne jedenfalls schon. Dafür gibt es von meiner Seite drei Sterne. Krähe du nur, kleiner Hahn(e), wider die Ungerechtigkeit in der Welt!

★☆☆☆☆ **Wichtig, aber uninteressant,** 7. Januar 2011

Rezension bezieht sich auf: Georg Wilhelm Friedrich Hegel: Phänomenologie des Geistes

Tja, Hegel. Was kann man da noch sagen. Die einen finden ihn gut, die anderen „so là là". Trotz aller Sympathien mit den Gutfindern bin ich heute eher gewillt, mich auf die Seite der Solàlàisten zu schlagen. Aber das ist nicht nur so ein obskures irrationales Bauchgefühl! Im Gegensatz zu vielen anderen kann ich meine Meinung nämlich auch sachlich, also mit Worten und gut abgewogenen Argumenten begründen! Ich finde einfach, wir sollten endlich Schluß machen mit Hegel. Ihn einfach vergessen. Hops und ex, weg und schwupp. Das ist meine Meinung, und die Begründung folgt auf dem Fuß. Wie der Volksmund sagt: „Nur Buch macht kluch", aber in diesem (i. e. Hegels) Fall muß man dem Volksmund nicht zustimmen, sondern rigoros widersprechen! Hegels Buch macht nicht kluch, es ist, um einmal ein ganz dummes Wortspiel zu machen, eher ein Fluch. Wie viele völlig überflüssige Hegelseminare an unseren Universitäten! Was man da – gerade auch in Zeiten knapper Kassen – an Steuern sparen könnte! Und warum? Einfach, weil Hegel ein furchtbar schwieriges Buch geschrieben hat, das kein Mensch auf Anhieb versteht. Das hat etwas von Selbstermächtigung – unsere „feinen" Herren Philosophen schreiben schwierige Bücher, um sie dann auf Staatskosten jahrzehntelang deuten zu können. Muß das sein? Anscheinend. Aber noch können wir uns wehren. Bürger, auf die Barrikaden!

★★★★★ **Ade für immer?,** 16. Mai 2003

Rezension bezieht sich auf: Ralph Giordano: Ostpreußen Ade

Die hochbetagte, eigentlich als unverwüstlich angesehene, mittlerweile nun doch in den Orkus gefahrene Publizistin Marion Gräfin von Dönhoff hat es vielleicht am schönsten gesagt: „Wie der Iwan uns damals die Ostgebiete weggeschnappt hat, chrrrn, ah! Da könnt' ich Gift und Galle spucken!" Ralph Giordano setzt hier an. Wie kommt es, daß Deutsche, wann immer sie das „ehemalige" Ostpreußen besuchen, von einer Woge von Glück, Geborgenheitsgefühlen und dem tiefen, tiefen Wissen berührt werden, endlich zu Hause zu sein? Mittels ribosomaler Telomerase weist Ralph Giordano nach, daß der Urdeutsche tatsächlich in Ostpreußen entstand und sich von dort aus nur deshalb nach Westen begab, weil er dort geheime Dentagard-Vorräte vermutete. Leider fiel wenig später auch schon der Eiserne Vorhang, und der Deutsche war auf ewig von seinem angestammten Nistplatz abgeschnitten. Da kann man wenig machen – außer natürlich organisierten, bewaffneten Widerstand leisten, immerhin haben die ja angefangen.

Die Internetjugend liebt „Harry Potter", „Illuminati"
und „Herr der Ringe": künstliche Welten, in
denen das Netz keine Rolle spielt. Wir bestellen
E-Books über Vegetarismus und mümmeln bei
der Lektüre elektronische Salami in uns hinein.
Wir gruseln uns vor einer Gewalt, die uns hinter
unseren Bildschirmen nicht mehr erreichen
kann. Ambitionierte Literaturmanager versuchen,
diesem Trend entgegenzukommen; Zeugnisse ihres
Scheiterns füllen nicht nur dieses Buch.

Die Kathedrale des Fleisches

Skizzen zu einem vegetarischen Horrorroman

war er immer ein fröhlicher Junge mit rot-glänzenden Wangen gewesen. Er erinnerte sich noch, wie er beim alten Metzger Waibl immer ein Stück Gelbwurst bekommen hatte. Der alte Fleischhauer schien merkwürdig viel Gefallen zu finden an dem fülligen, etwas plumpen Schulbuben mit den weichen Zügen, der brav seine Snickers

Trotz seines Millionenerbes war er immer auf dem Boden geblieben.

Yvonne hatte er bei einem Beef-Tatar-Abend in Oldenburg kennengelernt. Wie sie da am Büfett gestanden war, ihr Blick hochkonzentriert, die Ärmel hochgekrempelt, ihre Arme beide tief in den rohen Fleischmassen

Hinrichtungen, wie sie der Ku-Klux-Klan zelebrierte. In allen sieben Körperöffnungen, so das Blatt weiter, hatten geschälte Zucchini gesteckt – doch konnte das nicht die Todesursache gewesen sein. Vielmehr war es der Ruccola, der in die Lungenflügel

Da mußte er gleich seinen Kumpel Alex anrufen! Alex, der clevere Reporter und mutige Polizist – der wußte doch immer Bescheid, wenn ein unerklärlicher Mord

Der arme alte Waibl! Yvonne schauderte oder erschauerte. Sie wußte aus der Kirche, daß Vegetarier böse und lebensfeindlich waren. War Kain, der erste Mörder der Geschichte, nicht ein Gemüsebauer gewesen? Wohingegen das erste Opfer, Kains eigener Bruder Abel, nichts weiter als ein friedlicher Viehhirte

doch zu albern. „Du immer mit deinem Adorno", lachte sie und

keine Trauerfeier wie jede andere. Der Priester verhaspelte sich mehrmals, die Angehörigen verspeisten ungeniert ihre Chickenwings. Lediglich die Witwe Waibl weinte heiße Tränen, die ihr wie zerlassene Butter übers Gesicht liefen – während die kugelrunden Waibl-Enkel in ihrer Unschuld über den Rasen tollten, ja rollten. Merkwürdig kleine Menschen, dachte Yvonne. Klein und dick!

Mike konnte es nicht glauben. Alex hatte ihm Brokkoli ins Hackfleisch gemischt! Diese schwule Sau wollte ihn umprogrammieren! Schon spürte er, wie das Testorenlevel in seinem Körper rapide zu sinken begann, wie sich seine Gedanken unter der Einwirkung des teuflischen Gemüses den Themenkomplexen Frauen, Fußball und Fermat abwendeten – und Worte wie Inneneinrichtung, Matt Damon und Musicalmelodien plötzlich an Bedeutung gewannen! Er versuchte sich auf Dinge zu konzentrieren, die er mochte.

Porsche. Linux. Und Alex' wohlgeformte Oberarme, mit ihrer zarten, goldblonden Behaarung. Nie zuvor waren sie ihm

unvorstellbar

hilfesuchend

schrecklich – und doch seltsam angenehm

also gar nicht tot? Die alte Witwe Waibl schien mehr zu wissen, als sie vorgab. Doch konnte sie wirklich zugelassen haben, daß in dem Sarg statt des Körpers ihres Gatten ein rekordverdächtig langer Hackbraten

In seinen sonst so selbstsicheren, treuen Augen standen Tränen. „Liebling, das warst nicht du. Es war das Gemüse. Es hat dich dazu gezwungen." Wie gerne wollte Mike ihr glauben. Doch konnte der Brokkoli wirklich so eine langanhaltende Wirkung haben? Mike war sich nicht sicher. Sicher war nur eins: Der Po von dem Typen da drüben war doch mal so richtig eine falsche Spur. Es gibt gar keinen Knackwurst-Klan, folgerte Yvonne, und die Morde an den Vegetariern mußten folglich

Es war, als würde ihr ein Stück Lebenskraft im Halse stecken. „Aber das würde doch heißen, die Würstel bestehen aus..." Yvonne wagte nicht, den Satz zu Ende

Alex lachte: „Brauche ich nicht. Wie du sehr gut weißt, habe ich meine eigene Dauerwurst immer bei mir!" Finster und schamerfüllt blickte Mike seinen ehemaligen besten Freund und nunmehr Vergewaltiger

Alex lachte spöttisch.

Yvonne hob eine Augenbraue.

Mike keuchte auf.

spritzte der Lebenssaft

vor seiner Karriere als Dorfmetzger ein Genwissen-
schaftler von Weltrang – bis zu jenem Abend, als

versuchte seine Ketten zu lösen, während die Witwe
Waibl langsam, Schritt um Schritt, das Bolzenschuß-
gerät in der Hand, auf ihn zukam, wie das Gespenst
einer Hexe, die nun untot als Vampir

„Brenne in der Hölle, Miststück!" Mit einem Rumms
warf Alex die Tür der Riesenmikrowelle zu – und
stellte auf „Schonend garen".

Hier hinunter mußte der Totgeglaubte geflohen sein!
Auch, wenn sie alle drei nun fast gänzlich nackt waren:
Irgend jemand mußte jetzt einfach

fiel die Tür ins Schloß.

versuchte sich zu verstecken.

nahm ihn bei der Hand.

zyklopische Mauern, an denen uralte, steinerne Flei-
scherhaken hingen. Hieroglyphen zeigten eine lange
Reihe von Tieren: Kühe, Schafe, Ziegen, auch längst
ausgestorbene Riesenechsen und Säbelzahnhühner;
Tiere von jeder Sorte, je eines männlich und eines
weiblich, wie sie von einem rundlichen Oberpriester
zu zwei rotierenden Klingen geführt wurden. Wie
lange mochte es diese Metzgerei schon geben? Hatten schon die Bewohner des verlorenen Kontinents
Muh hier

„Dummchen! Hast du denn in Biologie nicht aufge-
paßt? Angst macht das Fleisch schön zart!" Mike
mußte ihr rechtgeben. So waren die furchtbaren,
dämonischen Wandgemälde also nur dazu da, die ver-
ängstigten Tiere

Genetiker, Metzger, Sektenführer – eine komische Be-
rufswahl, fand Yvonne und tastete

lange, zirka zwei Meter breite Kanäle – gefüllt mit
dampfender Leberknödelsuppe, die sich, gleich ihren
wasserhaltigen Verwandten in Venedig, im Fackel-
schein

zu spät! Ein Strahl Barbecue-Sauce schoß aus der Düse, und Alex stieß vor Überraschung einen Fluch aus — und blickte sich erschrocken um. Ein halbes Dutzend Schemen war im Gang hinter ihnen aufgetaucht, angelockt durch das Geräusch der antiken Maschinen. Es waren die Metzgerlehrlinge! Ihre Augen brannten vor nackter Gier, ihre Körper brannten vor gieriger Nacktheit, und ihre spitz zugefeilten Zähne waren selbst in der Dunkelheit ein erstaunlicher Anblick! Mit einem heiseren Schrei versuchte Alex, sich den ersten der Angreifer vom saucetriefenden Leib zu schaffen. Er kämpfte wie ein Löwe oder Pirat! Doch als die erste Gabel in seinen Schenkel

„Vertraust du mir?"

„Halt durch!"

„Wir müssen zusammenbleiben."

zu einem gewaltigen Abgrund, aus dem der Blutgeruch zu stammen schien. Yvonne konnte nicht viel sehen, außer einem riesigen, sich windenden Schemen, einem kolossalen Pfannkuchen gleich. Aus der

Finsternis war ein lautes Platschen, Schmatzen und Knurpsen zu hören. „Meine Damen, sehen Sie hier: Das Leben, noch einmal neu erschaffen!" schrie der wahnsinnige Metzgermeister und wischte sich etwas Griebenschmalz von der Stirn, bevor er mit großer Geste fortfuhr: „Sich verzehrend und im Verzehren neu entstehend! In seinem eigenen Munde sterbend und sich an seinem eigenen Blute labend, ein niemals endendes Festmahl, in welchem Gast, Gastgeber und Speise in einer einzigen Kreatur verbunden sind. Meine Damen, ich präsentiere Ihnen: Autophagus, das sich selbst fressende Schnitzel!" Das hört sich nicht gut an, dachte Yvonne, und

mit vollem Magen zu laufen. Wo war nur der verdammte Ausgang?! Der Bratengeruch war so stark, daß ihr die Augen tränten. Auch die beiden barbusigen Sklavenmädchen hatten alle Mühe, auf dem rutschigen, fettigen Untergrund

doch noch alles gutgegangen. „Und jetzt einen Burger! Alex zum Gedenken!" rief Mike in die allgemeine Erleichterung. „Au ja!" lachte Yvonne zurück. Hand in Hand spazierten sie über die Strandpromenade. Nicht ahnend, daß der Wirsing in ihrer Handtasche

Wir bringen nichts zu Ende, fangen nichts

an, was wir nicht auch sein lassen könnten;

prokrastinieren, als gäbe es kein Morgen. Unsere

Literatur erschöpft sich in Collagen, Pastichen und

Fragmenten. Da wir aber auch nichts fertiglesen,

ist das nur halb so schlimm.

ABGEBROCHENE ROMANE

Reality-Roman

Alles schien so gut zu laufen für Familie Kah. Doch dann der Riesenschock: Wegen eines kleinen Fehlers im Kleingedruckten vom Vertrag ist das Leben jetzt ein Alptraum für die Kahs. Vor der Kamera bricht Frau Kah in Tränen aus. Unser Team versucht zu helfen. Ohne ihr Wissen lassen wir von einem Fachmann einen kleinen Fehler in ihre Spülmaschine einbauen, den jeder ehrliche Handwerker sofort finden müßte. Über eine versteckte Kamera kann der Spülmaschinensachverständige Hiltmar Eff das Treiben der zehn verschiedenen Handwerker beobachten. Sein Urteil ist vernichtend. Doch was er nicht weiß: Sein Treiben wird von zehn Sachverständigensachverständigen mit versteckter

Kamera geprüft. Ihr Urteil: vernichtet. Mit dem Team fahren wir zum Haus von Hiltmar Eff, klingeln Sturm. Sein Vermieter, Karlheinz Beh, läßt sich zuerst verleugnen. Brutale Übelst-Abzocke. Erst ein Anruf von zehn anderen Vermietern schafft Ruhe. Doch das Urteil des Bundesgerichtshofs bringt nicht die erhoffte Erlösung.

Solche und ähnliche Fälle sind das tägliche Brot von Dietmar Deh, dem Professor für Faschismusforschung an der Universität Geh. Wir treffen ihn in seinem Sprechzimmer an der Uni. Doch ohne sein Wissen haben wir in dem afrikanischen Land Uh einen rassistischen Völkermord vom Zaun gebrochen. Mit der versteckten Kamera fangen wir seine Reaktion ein, als er davon hört. Das Video beweist es, und Zeh wird dem Internationalen Strafgerichtshof für Verbraucherschutz vorgeführt. Während der Vorsitzende Richter Ulf Hah die besondere Schwere der Schuld feststellt, sind wir mit dem Kamerateam in die Wohnung von Richter Ulf Hah eingebrochen, um überraschend alles zu renovieren. Runter mit den häßlichen Tapeten, rauf mit den Pastellfarben. Freche Raumteiler runden alles ab. Richter Ulf Hah wird Augen machen. Doch während der Renovierungsarbeiten machen wir einen grausigen Fund. Im Arbeitszimmer von Ulf Hah finden wir ein Handy mit ultrabrutalen Gewaltvideos. Als wir die Mutter des Richters, Gudrun Hah, darauf ansprechen, weiß sie keinen Rat, ist hilflos. Grund: Sie ist altersdement, sitzt seit Jahren im Heim. Quatscht dummes Zeug, wartet auf Anrufe von Freunden, die längst gestorben sind. Schlimm. Doch wenn Sie Gudrun Hah jetzt anrufen, haben Sie 100 Euro garantiert und die Chance auf den Jackpot von sageundschreibe. Mit solchen und ähnlichen Tricks versuchen brutale Fernseh-Abzocker wie wir alles auszulöschen. Wir fahren zum Haus von uns, klingeln, verlangen eine Stellungnahme. Unsere Lebenspartner versuchen abzuwiegeln. Dann der Schock: Unsere Lebenspartner sind oben undicht, Wasser dringt ein. Pfusch am Körper-Bau. Mit dem Team fahren wir zum Haus von Gott, klingeln Sturm. Doch

Die Jahre der Verblühung

Platsch, machte es, als sich Tatjana ungelenk aus der Badewanne hievte. Ihr massiger Rembrandtkörper entließ Tausende und Abertausende Liter allerfeinsten Leitungswassers aus der feisten Umklammerung ihrer Speckfalten. Aber das allein hätte die gewaltige Überschwemmung, die sich nun über das Badezimmer, den Flur mit den geschmacklosen Negerplastiken und das Stiegenhaus bis tief in die Eingeweide des Heizungskellers ergoß, noch nicht erklärt. Vielmehr

war die Schuld eindeutig in dem zentnerschwer voll-
gesogenem Hochzeitskleid aus alabasternem Sammet
zu suchen, mit dem sich die Verzweifelte in den lau-
schigen Privatpool geworfen hatte – ursprünglich,
das dürften findige Leser bereits erraten haben, mit
dem Ziel, sich umzubringen. Aber da das Hi-Fi-Radio,
unermüdlich Brahms' „Requiem" spielend, an ihren
enormen Fleischmassen schon abgeprallt war, noch
bevor es also in das ohnehin wenige, wiewohl mit Tränen durchmischte Badewasser hätte plumpsen können, „segenvolles Vergessen stiftend", wie ihr eine
Benn-Zeile nicht einmal halbrichtig einfiel, hatte sie
genausogut eben wieder aufstehen können, konnte sie
ja scheißdrauf eben weitermachen mit ihrem Leben,
Macker hin oder her. Den pudelnassen Brautschleier
hinter sich herziehend, tapste die nichtige Megäre

Die Vergessung der Welt
Noch mehr Bildung für Millionen

Georg Forster war mit sich und der Welt zufrieden.
Lustig schaukelten die Wellen um ihn herum, während James Cook, der große Entdecker, mit ihm ganz
amüsant und ungeniert parlierte, als sei er nicht
James Cook, sondern ein ganz normaler Allerwelts-

Entdecker von nebenan. So wußte der treffliche See-
mann ganz eloquent darzulegen, daß man gemeinhin
zwar in der Kameralwissenschaft von „Tuchweberei"
spreche, aber keine Statistik der Welt unterscheide,
ob es sich um das Weben allerfeinster oder ganz grober Tücher handelt, so grober Tücher, wie er, Cook,
sie sich zur Behandlung seines Trippers jeden Morgen
[...]. Oder Cook sprach von der dieses Jahr wieder alle
Erwartungen der Aktionäre übertreffenden Neger-
zucht in Louisiana, die, dank der durch Legekorn
gewaltig gesteigerten Fruchtbarkeit [...]. Aber all
diese Erwägungen konnten Georg Forster doch nicht
abbringen von den träumerischen Erinnerungen an all
die brockhausrelevanten Begegnungen, die er noch
vor einem Jahr in Jena und Berlin gemacht hatte. So
hatte er, gemütlich hingebreitet auf die Chaiselongue
im Salong der Varnhagen, Friedrich und August Schlegel sich gegenseitig übertrumpfen gesehen bei dem
Versuch, der Madame de Staël die jeweiligen Unter-
schiede zwischen Schlegel, Schlegel und Hegel zu
erklären. Mit diesen gelehrten Freunden besprach er
auch die unvorstellbaren Entwicklungen in Berlin, wo,
wie es in allen Salons tuschelte, Schelling, dem großen Schelling, wiewohl ja ein Feind Schopenhauers,
über einen Freund Kierkegaards aus Kopenhagen ein
noch unaufgeschnittenes Exemplar von Baggesens
„Klingklangallmanach" zugetragen worden war – ein
Buch, das die Welt aus den Fugen zu heben drohte.

Schlegel – ob Friedrich oder August, wußte Georg Forster nicht mehr – hatte danach mit seinem typisch jungenhaften Charme bei dem zufällig anwesenden Professor Gauß nachgefragt, ob die Staël „vom mathematischen Standpunkte besehen nicht doch zwei ganz aparte Glockenkurven" mit sich führe, worauf Gauß mit hochrotem Kopfe aus dem Salon gerannt war – und fortan Forster mit wütenden Briefen traktierte, in denen er, Gauß, ihn, Forster, bat, „ihn deroselbst fürderhin nicht weiter zu importünieren", ein Satz, glänzend in seiner Unverständlichkeit. Schlegel, Schlegel und Hegel hatten ihn, Forster, dann noch am selben Abend mit Hölderlin, Fichte, Schleiermacher, Spinoza und dem k.u.k. Kommerziellenrat Kehlmann bekannt gemacht, wobei ihm letzterer noch geraten hatte, die Taschenbuchausgabe bewußt nicht

Sie haben keine weiteren ungelesenen Kapitel.